家庭教育
与红色文化传承研究

周静 著

中山大学出版社
·广州·

版权所有　翻印必究

图书在版编目（CIP）数据

家庭教育与红色文化传承研究/周静著. --广州：中山大学出版社，2024.12. -- ISBN 978-7-306-08323-4

Ⅰ.G782

中国国家版本馆CIP数据核字第2024V9Q757号

JIATING JIAOYU YU HONGSE WENHUA CHUANCHENG YANJIU

| 出　版　人：王天琪
| 策划编辑：张　蕊
| 责任编辑：孔颖琪　张　蕊
| 封面设计：周美玲
| 责任校对：赵悦妍
| 责任技编：靳晓虹
| 出版发行：中山大学出版社
| 电　　话：编辑部 020-84111997，84113349，84110283，84110779，84110776
| 　 发行部 020-84111998，84111981，84111160
| 地　　址：广州市新港西路135号
| 邮　　编：510275　　　　　传　真：020-84036565
| 网　　址：http://www.zsup.com.cn　E-mail:zdcbs@mail.sysu.edu.cn
| 印　刷　者：广东虎彩云印刷有限公司
| 规　　格：787mm×1092mm　1/16　7.75印张　180千字
| 版次印次：2024年12月第1版　2024年12月第1次印刷
| 定　　价：36.00元

如发现本书因印装质量影响阅读，请与出版社发行部联系调换

序

家庭教育与红色文化传承是一对紧密联系、高度相关的范畴和概念。一方面，家庭教育是构成红色文化传承的重要环境和载体，红色文化的传承需要学校教育和社会教育，也需要家庭教育；另一方面，传承红色文化是家庭教育的主要内容和灵魂，在中国特色社会主义新时代发展的关键时期，面对家庭教育中出现的重智育轻德育、多样化社会思潮冲击、西方敌对势力渗透等问题，必须坚守家庭教育的意识形态属性，传承红色文化，增强青少年对党和国家的政治认同。因此，运用马克思主义的基本理论，厘清家庭教育与红色文化传承的辩证统一关系，是本研究的逻辑起点。

自古以来，中国优秀的传统文化与道德思想都可以通过家庭教育形成家族风气，在家庭成员的精神血脉中代代相承，传递不绝。这种道德和价值观传承的方式具有鲜明的中国特色，也是青少年得以继承、培养道德观念与行为规范的最久远、最稳定的教育路径。新中国成立以来，学校教育和社会教育成为红色文化传承的主要平台，家庭教育的作用一度被忽视。进入新时代，党和国家相继制定和颁发了《中华人民共和国家庭教育促进法》（2022）、《关于健全学校家庭社会协同育人机制的意见》（2023）。家庭教育在新时代的地位与功能得到空前重视，亦被赋予了新的使命，成为红色文化传承的重要环境和载体。

红色文化是具有显著中国特色的文化，是革命文化的重要组成部分，是建设中国特色社会主义先进文化的历史前提。红色文化蕴含着丰富的革命精神和爱国情怀，是中华民族宝贵的精神财富。它不仅仅是一种历史记忆和文化传承，更是一种精神滋养和道德引领。红色文化的内核即红色精神，是中国共产党领导中国人民在革命、建设、改革各个时期所形成的伟大精神。这种精神已经深深融入中华民族的血脉和灵魂，成为鼓舞和激励中国人民不断攻坚克难、奋勇前进的强大精神动力。

红色文化强调革命理想和革命精神，倡导艰苦奋斗、无私奉献的价值观，是中华民族精神的重要组成部分。家庭作为个体发展最初的社会环境，家庭教育在红色文化传承上的作用不容忽视、不可取代。家庭价值观、家庭教育方法、家庭教养方式等都是影响红色文化传承的重要因素。但实际家庭教育活动中的红色文化传承往往呈现出"雷声大、雨点小"的势态，地位不够突出，与社会发展需求和家庭实际生活现状脱节。可以说，在当前家庭教育中，红色文化的传承面临着一定程度上的波折和困境，主要原因来自社会环境变迁带来的挑战、家庭教育中重智育轻德育取向的增长以及西方意识形态的持续渗透等。

家庭教育传承红色文化的基本原则是指在家庭教育中为了更好地达到红色文化传承的效果所必须遵循的法则或标准，包括方向性原则、目标性原则、情感性原则等。新形势下，家庭教育、红色文化的环境和背景都发生了重大变化，因此，必须对家庭教育中红色文化传承的总体要求做出新的思考和认识，要注重提升家庭教育的实效性，满足青少年的内在需要，促进人的自由、全面发展。面对新形势、新问题，在家庭教育中传承红色文化不仅需要厘清"为什么""是什么"的问题，更需要探寻"如何传""怎么传"的具体实践路径：坚持家庭教育的意识形态属性，构建红色文化传承的认同机制；重视家庭教育的日常生活功能，创新红色文化传承的实践机制；尊重家庭教育的规律特点，创造红色文化传承的情感机制；发挥家庭教育的基础核心作用，形成红色文化传承的统筹机制。

目 录

绪 论 ·· 1
  一、研究背景和意义 ·· 1
  二、研究综述 ··· 3
  三、研究目标和框架 ·· 9

第一章 家庭教育与红色文化传承的内在逻辑关联 ················ 12
第一节 理论基础阐述 ··· 12
  一、环境与人的关系理论 ··· 12
  二、马克思主义精神生产理论 ··· 13
第二节 家庭教育与红色文化传承的内在关系 ··························· 15
  一、家庭教育构成红色文化传承的重要环境 ··························· 15
  二、传承红色文化是家庭教育的核心 ····································· 18

第二章 家庭教育是传承红色文化的重要环境和载体 ············· 22
第一节 家庭教育的时代变迁 ·· 22
  一、家庭教育功能及其阶段划分 ··· 22
  二、改革开放以来中国家庭教育的发展和演变 ························ 24
第二节 新时代家庭教育的责任 ··· 26
  一、新时代家庭教育的重要性 ··· 27
  二、新时代家庭教育面临的问题 ··· 29
  三、新时代家庭教育的责任 ·· 30
第三节 家庭教育是红色文化传承的重要平台和途径 ·················· 32
  一、家庭教育具有鲜明的政治属性和阶级属性 ························ 32
  二、家庭教育是红色文化传承的基础和关键 ··························· 33
  三、家庭教育在传承红色文化中的固有优势 ··························· 35
  四、家庭教育传承红色文化的目标体系 ·································· 36

第三章 传承红色文化是家庭教育的主要内容和灵魂 …… 39
第一节 红色文化的内涵和内核 …… 39
一、红色文化的内涵 …… 39
二、红色文化的内核 …… 43
第二节 红色文化的形成和价值 …… 45
一、红色文化形成的历史必然性 …… 45
二、红色文化的价值 …… 48
第三节 红色文化是家庭教育的核心和灵魂 …… 51
一、红色文化为家庭教育提供价值航标 …… 52
二、红色文化为家庭教育提供精神支撑 …… 54
三、传承红色文化是家庭教育的核心使命 …… 55

第四章 家庭教育传承红色文化面临的困境分析 …… 58
第一节 家庭教育影响红色文化传承的因素 …… 58
一、家庭价值观对传承红色文化的影响 …… 58
二、家庭教育方法对传承红色文化的影响 …… 61
三、家庭教养方式对传承红色文化的影响 …… 65
第二节 家庭教育中传承红色文化面临的困境 …… 66
一、社会环境变迁带来的挑战 …… 66
二、家庭教育中重智育轻德育取向增长 …… 68
三、西方意识形态的持续渗透 …… 70

第五章 家庭教育传承红色文化的对策探讨 …… 72
第一节 家庭教育传承红色文化的基本原则 …… 72
一、方向性原则 …… 72
二、目标性原则 …… 74
三、情感性原则 …… 75
第二节 家庭教育传承红色文化的总体要求 …… 77
一、注重提升家庭教育的实效性 …… 78
二、满足青少年的内在需要 …… 79
三、促进人的自由全面发展 …… 80
第三节 家庭教育传承红色文化的具体路径 …… 80
一、坚持家庭教育的意识形态属性,构建红色文化传承的
认同机制 …… 81

二、重视家庭教育的日常生活功能,创新红色文化传承的
　　实践机制 ………………………………………………… 82
三、尊重家庭教育的规律特点,创造青少年传承红色文化的
　　情感机制 ………………………………………………… 85
四、发挥家庭教育的基础核心作用,形成红色文化传承的
　　统筹机制 ………………………………………………… 87

结　语 …………………………………………………………… 91

参考文献 ………………………………………………………… 93

绪　　论

一、研究背景和意义

　　党的十八大以来，习近平总书记非常重视红色文化的传承。他多次指出，革命传统教育要从娃娃抓起，让红色文化渗进血液、浸入心扉，引导广大青少年树立正确的世界观、人生观、价值观。文化传承就其本质而言不仅是一个文化过程，而且是一个教育过程。但是，当前红色文化的传承过于重视学校教育和社会教育，家庭教育的方式和空间被忽视，导致出现"家庭教育沦为学校教育附庸"的尴尬情形。事实上，家庭教育是一种独立的教育形态，具有鲜明的阶级属性和政治属性，在中国特色社会主义新时代发展的关键时期，面对家庭教育中出现的重智育轻德育、多样化社会思潮冲击、西方敌对势力渗透等问题，必须坚守家庭教育的意识形态属性，传承红色文化，增强青少年对党和国家的政治认同。

　　新时代的青少年是在中国社会发展实现"富起来""强起来"的过程中成长起来的，他们没有经历过物质上的匮乏和生活上的磨炼，"勤俭节约""忆苦思甜"等家庭教育的红色优良传统悄然退出了历史舞台。当前家庭教育中重智育轻德育取向增长，家长普遍关注孩子的考试分数、成绩排名，忽视孩子的道德培养和素质提升，也挤压了红色文化的传承空间。同时，网络媒介技术的发展日新月异，西方享乐主义、拜金主义等意识形态持续渗透，都让家庭教育中红色文化的传承面临着严峻挑战。面对新形势、新问题，在家庭教育中传承红色文化不仅需要厘清"为什么""是什么"的问题，更需要探寻"如何传""怎么传"的具体实践路径。

　　2022年1月1日，《中华人民共和国家庭教育促进法》正式实施，标志着家庭教育和学校教育、社会教育一起成为引导青少年成长的重要教育方式。在未来的一段时间里，家庭教育必将成为研究的热点。那么，如何引领家庭教育的正确方向，适应新时代国家与社会发展的新要求与新期待？如何利用好家庭教育，引导青少年传承红色文化，最终实现立德树人的教育目标？如何推进家庭教育、学校教育和社会教育"三教合一"机制的形成？这些都是当前理论界应该思考和回应的重要课题。

　　本书运用马克思主义基本理论，结合当前红色文化传承的现状，系统考察和深入阐明家庭教育与红色文化传承的逻辑关联、发展特点、影响因素等，最终提出了家庭教育传承红色文化的总体要求、基本原则和具体路径，对确保红色江山后继有人、红色文化薪火相传具有重要意义。

总的来说，本书主题"家庭教育与红色文化传承研究"是对社会实际提出的重大思想理论问题的积极回应，具有重要的学术价值和应用价值。

（一）学术价值

（1）从家庭教育的角度为红色文化传承的理论研究提供了一个新的研究视角，有助于拓展红色文化传承的载体理论和环境理论研究。家庭教育是传承红色文化的重要方式和载体空间，通过家庭教育传承红色文化是我党的优良传统，也是当前做好立德树人工作的迫切要求。本书运用马克思主义相关理论，研究了家庭教育传承红色文化的现状和特点，必将深化和拓展红色文化传承的载体理论和环境理论研究。

（2）丰富了传统的家庭教育理论研究，使之与时俱进。时代在发展，社会在前进，家庭教育的理论也应该紧密结合社会环境变化的实际，做到与时俱进。本书通过科学定位家庭教育的价值、功能、使命和地位，丰富和深化了家庭教育的理论研究，有利于构建融家庭、学校、社会为一体的红色文化传承体系和多元主体合作传承红色文化的统筹机制。

（二）应用价值

（1）为国家制定关于家庭教育的相关政策提供理论依据。家庭教育是每个人学习和成长的第一课堂，对个体情感、态度和价值观的形成有着显著的影响，发挥着重要的作用。近年来，我国的家庭教育不仅是教育中的焦点问题，而且成为备受关注的社会问题。本书通过研究家庭教育中红色文化传承面临的机遇和挑战，可以为国家制定关于家庭教育发展的相关政策提供理论依据。

（2）为深入开展红色文化传承教育提供实践支持。本书通过研究和分析红色文化的历史背景、核心价值以及在当代社会的传承意义，并结合家庭现代教育理念，提出家庭教育视角下传承红色文化的具体策略和有效路径。同时，还关注如何利用新媒体和信息技术手段，使红色文化教育更加生动、有效，以适应数字化时代的学习需求。因此，本书的研究可以为深入开展红色文化传承教育提供实践支持。

（3）对青少年正确认识并传承好红色文化有所裨益。青少年是传承红色文化的重要主体，但他们思想上尚未成熟、情绪上敏锐易感。通过家庭教育让青少年传承红色文化，是促使一代代中华儿女更加立体地理解、思考并认同红色文化的过程。在当前青少年群体中精致利己主义盛行、爱国主义思想淡漠的背景下，本书的研究可以帮助青少年正确认识传承红色文化的重要意义，引导他们增强爱国主义情感，守护好来之不易的红色江山。

二、研究综述

(一)家庭教育研究综述

家庭教育是指在家庭环境中,父母或其他家庭成员对子女进行的教育活动。其内涵丰富,包括但不限于道德教育、智力开发、情感培养、生活习惯的养成等方面。家庭教育具有独特优势,对孩子的成长与发展有深远影响,是学校教育和社会教育无法替代的。家庭教育不仅关系到个体的全面发展,也关系到社会的进步和国家的未来。

家庭教育历史源远流长。随着改革开放和独生子女政策的深入实施,我国学术界对家庭教育的重视日益增强。自20世纪80年代起,我国的家庭教育研究逐渐复兴,并在各个地方建立了众多家教研究会,以推动家庭教育理论与实践的深入发展。进入90年代,国家更是通过制定《中华人民共和国未成年人保护法》和《九十年代中国儿童发展规划纲要》等法律条例①,明确了家长和社会各界在家庭教育中的责任与义务,进一步强调了家庭教育的重要性。这些努力不仅为我国家庭教育的研究提供了有力的支持,更为家庭教育事业的持续发展奠定了坚实的基础。

近年来,我国的家庭教育不仅是教育中的焦点问题,而且成为备受关注的社会问题。目前的研究成果集中在以下两个方面。

1. 家庭教育的重要性及其特点

著名教育家苏霍姆林斯基指出:"如果没有家庭的高度教育素养,那么不管老师付出多大的努力,都收不到完美的效果,学校里的一切问题都会在家庭里折射出来,而学校复杂的教育过程产生困难的根源也都可以追溯到家庭。"②这句话告诉我们,家庭的教育素养对孩子的成长至关重要。无论教师如何努力,如果家庭不能提供相应的支持和正确的引导,学校教育的效果将大打折扣。学校中遇到的许多问题往往与家庭环境和家庭教育方式有关,而学校教育过程中遇到的困难,其根本原因往往可以追溯到家庭因素。有学者总结了家庭教育的两个特点。

(1)基础性。家庭教育在孩子的成长过程中扮演着至关重要的角色,是孩子全面发展的基础。缪建东、文晶、邹强等学者都从不同视角阐述了家庭教育的基础性作用。缪建东认为,家庭教育是整个教育的基础,提升人类教养水平、构建和谐美好社会、推动世界历史进程,均离不开良好的家庭教育。③ 文

---

① 孙云晓:《中国家庭教育蓝皮书(2015)》,教育科学出版社2016年版,第15页。
② [苏]苏霍姆林斯基:《怎样培养真正的人》,蔡汀译,教育科学出版社1992年版,第40页。
③ 缪建东:《家庭教育学》,高等教育出版社2009年版,第63页。

晶认为，父母的人生观、是非观和思想意识，道德行为和道德标准，处世方法和处世原则，一旦被孩子认可和接受就很难改变。家庭教育往往能够影响其子女一生的成长。① 邹强认为，家庭是人成长的根，家庭教育是一切教育的基础，家庭为一个人的一生做了最初和永久的奠基，家庭教育具有不可替代性。②

（2）终身性。家庭教育的终身性是指家庭作为个体成长的第一个环境，对人的影响是持续一生的。从儿童时期到成年，甚至老年，家庭成员之间的相互作用、教育方式、价值观念的传递等，都在不断地塑造着个体的行为模式、思维方式和情感态度。吴遵民、谢海燕认为，家庭教育贯穿了人的婴幼儿期、青少年期、成年期以及老年期四个阶段。③ 王海丽认为，家庭教育是子女接受最早、时间最长、影响最深的教育。④ 孙俊三等人也指出家庭教育的时间跨度长、空间广度大、教育对象涉及全部家庭成员、教育内容涉及人的成长的各个方面。⑤

2. 家庭教育对社会发展的作用

社会是由个人组成的，家庭教育是影响社会发展的因素之一。通过阅读和分析文献，可以得出家庭教育对社会发展的作用主要体现在以下三个方面。

（1）家庭教育与社会化。社会化是指个体学习并内化社会规范、价值观、行为模式的过程，它使个体能够适应社会生活，成为社会的合格成员。社会化不仅发生在家庭中，还涉及学校、同辈群体、媒体等社会环境。通过社会化，个体学会如何与他人交往、如何在社会中扮演不同的角色，并形成自己的社会身份。

范中杰指出，家庭教育方式对青少年社会化有着重要的影响，采取不同的教育方式往往会对青少年的社会化带来完全不同的结果。⑥ 李积鹏等通过实证研究认为，家庭教养方式与儿童的社会性发展密切相关。⑦ 缪建东认为，家庭

---

① 文晶：《简论家庭教育的地位及作用》，载《现代教育科学》2003年第6期，第45–46页。
② 邹强：《中国当代家庭教育变迁研究》（博士学位论文），华中师范大学2008年。
③ 吴遵民、谢海燕：《当代终身学习概念的本质特征及其理论发展的国际动向》，载《继续教育研究》2004年第3期，第31–36页。
④ 王海丽：《浅谈家庭教育在素质教育中的地位》，载《中国教育研究论丛》2007年第1期，第261–263页。
⑤ 孙俊三、孙松竹：《家庭教育是基础教育，也是终身教育》，载《湖南师范大学教育科学学报》2016年第5期，第103–107页。
⑥ 范中杰：《家庭教育方法对青少年社会化的影响》，载《湖北社会科学》2018年第1期，第73–75页。
⑦ 李积鹏、韩仁生：《家庭教养方式对儿童道德发展的影响及家庭德育策略》，载《现代教育科学》2017年第8期，第103–109页。

是儿童社会化的重要场所，是孩子走向社会的桥梁。① 可见，学者们普遍认为，家庭教育是社会化过程中的一个基础环节，家庭是儿童最早接触的社会环境，父母和其他家庭成员是儿童最初的社会化代理人。良好的家庭教育能够为儿童的社会化打下坚实的基础，帮助他们更好地适应学校和社会生活。

（2）家庭教育与青少年社会责任感。社会责任感是指青少年在成长过程中，对自己应该承担的社会责任和义务有比较清晰的认识，并愿意积极地为社会进步做出贡献。这种责任感体现在多个方面，包括但不限于遵守社会规范、尊重他人权利、参与社会公益活动、保护环境、促进社会公正等。培养青少年的社会责任感对于他们的个人成长以及社会的和谐发展都至关重要。

宋敏、周明星认为，家庭教育内容的偏差是导致青少年社会责任感缺失的主要原因。② 彭媚娟、张君弟通过对当代大学生社会责任感的现状进行调查，得出当代大学生社会责任感问题日益严峻的结论，其中家庭教育的落后、家庭成长缺乏生活的磨炼等是导致大学生社会责任感弱化的重要原因。③ 唐玉霞认为，家庭教育是青少年社会责任感培养的基础、重要途径及保障，青少年社会责任感培养有利于家庭教育的完善。④ 关于加强家庭教育中青少年社会责任感培养的对策，学者们大都认为应提高家长的个人素养和社会责任感，给孩子树立正确的榜样，建立起"家庭—学校—社会"的联动机制等。

（3）家庭教育与价值观的形成。家庭教育中，父母等家庭成员的行为举止、价值观念、教育方式以及家庭环境都会对孩子价值观的形成产生深远的影响。孩子可以从家庭中学习到基本的道德规范、社会责任感以及如何与他人和谐相处。家长通过树立榜样、进行日常交流和指导，帮助孩子建立起正确的世界观、人生观和价值观。翟博认为，家庭是传播社会主流价值观的重要渠道，新时代家庭教育价值观有深刻内涵，价值观建设是家庭建设和家庭教育的核心任务。⑤ 林翎分析了家庭教育在大学生社会主义核心价值观形成中的积极影响及消极影响，认为家长要以身作则，提高自身素质，培养大学生社会主义核心价值观。⑥ 侯朋认为，大学生价值观教育是家庭教育的重要组成部分，家庭教

---

① 缪建东：《家庭教育学》，高等教育出版社2009年版，第105页。
② 宋敏、周明星：《当代大学生社会责任感培养研究》，载《教育评论》2014年第12期，第92-94页。
③ 彭媚娟、张君弟：《家庭教育对当代大学生责任感影响的思考》，载《理论观察》2011年第2期，第103-104页。
④ 唐玉霞：《家庭教育对青少年社会责任感培养的作用研究》（硕士学位论文），新疆师范大学2015年。
⑤ 翟博：《树立新时代的家庭教育价值观》，载《教育研究》2016年第3期，第92-98页。
⑥ 林翎：《家庭教育在大学生社会主义核心价值观形成中的影响》，载《长春工业大学学报（高教研版）》2010年第4期，第127-128页。

育可以推动大学生价值观的形成和完善。①

(二) 传承红色文化研究综述

习近平总书记强调:"要教育引导全党大力发扬红色传统、传承红色基因,赓续共产党人精神血脉,始终保持革命者的大无畏奋斗精神,鼓起迈进新征程、奋进新时代的精气神。"② 红色文化是中国革命和建设历程中形成的独特文化现象,它承载着共产党人的理想信念、奋斗精神和牺牲精神,是社会主义先进文化的重要组成部分。近年来,关于红色文化的传承研究日益受到学术界和社会各界的关注。

1. 红色文化的内涵研究

红色文化源于革命战争年代,它包含了中国共产党在革命、建设和改革过程中形成的各种精神成果和物质遗存。这些精神成果和物质遗存不仅见证了中国共产党领导人民进行艰苦卓绝斗争的历程,也体现了共产党人坚定的理想信念和无私奉献的精神。红色文化具有深厚的历史内涵和重要的现实价值,它不仅是中华民族的宝贵精神财富,也是推动社会进步和发展的重要动力。

(1) 红色文化的概念。什么是红色文化?围绕这个概念,对于如何定义红色文化,许多学者有不同的看法。金民卿指出,红色文化包括红色文化历史、红色文化符号与红色文化意义,这三者构成了有机统一体。③ 李水弟等认为,红色文化本质上是一种社会核心价值体系,是由我们党在新民主主义革命时期创造的。这一社会核心价值体系是引领新民主主义文化发展方向的关键,集中体现了中国共产党在文化指导思想方面的先进性。④ 杨家余等认为,红色文化是指在中国共产党领导下在革命时期和建设时期形成的理论、经验和精神凝聚而成的传统,与革命战争不可分割,对国家建设有重要指导作用。⑤

(2) 红色文化的内容。红色文化的内容包括哪些?有学者从物质、精神、行为三方面具体阐述。罗丽琳等认为,红色文化的物质载体是红色资源,其思想精髓是革命精神,而它表现在人民群众的精神文化活动中。⑥ 杨圆圆认为,红色文化是在革命战争年代由中国共产党领导全国各族人民实现民族解放及建

---

① 侯朋:《家庭教育对大学生价值观的影响》(硕士学位论文),河南大学 2017 年。
② 习近平:《在党史学习教育动员大会上的讲话》,载《党建》2021 年第 4 期,第 4 – 11 页。
③ 金民卿:《红色文化的精神传承与理想信念的当代建构》,载《井冈山大学学报(社会科学版)》2015 年第 1 期,第 15 – 19 页。
④ 李水弟、傅小清、杨艳春:《历史与现实:红色文化的传承价值探析》,载《江西社会科学》2008 年第 6 期,第 159 – 162 页。
⑤ 杨家余、汪翔:《论红色文化的强军价值》,载《井冈山大学学报(社会科学版)》2015 年第 2 期,第 17 – 22 页。
⑥ 罗丽琳、蒲清平:《红色文化的思想政治教育基因及其时代价值》,载《新疆师范大学学报(哲学社会科学版)》2018 年第 6 期,第 45 – 52 页。

设新中国的奋斗历史过程中形成的集物质与意识于一体的内容体系,即红色文化既有具体的物质部分,又有抽象的意识精神部分。① 李文管等指出,红色文化有广义与狭义之分,广义上是指全世界的无产阶级在运动过程中产生的物质和精神力量,狭义上特指中国共产党领导中国在奋斗过程中产生的物质和精神力量。②

2. 红色文化的传承研究

在庆祝中国共产党成立 95 周年大会上,习近平总书记指出:"一切向前走,都不能忘记走过的路;走得再远、走到再光辉的未来,也不能忘记走过的过去,不能忘记为什么出发。"③ 这告诉我们,历史不能被忘却,红色文化需要传承。当前,关于传承红色文化的研究已经取得了显著成果。学术界从不同角度对红色文化的传承价值、传承方式、传承路径等方面进行了深入探讨。

(1) 红色文化传承的价值。研究者们普遍认为,红色文化具有深厚的历史内涵和重要的现实价值。它不仅是中国革命和建设历程的见证,也是中华民族精神的重要组成部分。通过深入挖掘红色文化的内涵和价值,可以更好地发挥其在培育和践行社会主义核心价值观中的作用。马强指出,红色文化在德育建设中有重要价值,其中包括理想信念价值、爱国主义价值、艰苦奋斗价值、集体主义价值。④ 王开琼指出,红色文化有自己的价值,包括见证历史、文化传承、精神教育、经济发展,在德育方面则具有理想信念的导向功能、崇高品德的培育功能、健康情感的熏陶功能及实践的参与功能。⑤ 王春霞指出,红色文化有认知优化、信念固化、行为活化的功能。⑥

(2) 红色文化传承的路径与方法。研究者们提出了多种传承红色文化的方式,包括教育传承、文化传承、实践传承等。其中,教育传承被认为是传承红色文化的重要途径之一。张泰城等认为,要使红色文化有效融入高校思想政治理论课教学,除了理念和内容更新外,还需要在具体教学方式上进行改革和

---

① 杨圆圆:《以红色文化构建大学生社会主义核心价值观》,载《学理论》2019 年第 8 期,第 159 - 161 页。

② 李文管、吴茜:《探析红色文化的基本内涵》,载《山西高等学校社会科学学报》2014 年第 9 期,第 95 - 98 页。

③ 习近平:《在庆祝中国共产党成立 95 周年大会上的讲话》,载《人民日报》2016 年 7 月 2 日第 1 版。

④ 马强:《德育视角下的红色文化内涵与价值利用:以皖西红色文化为主体透视》,载《皖西学院学报》2008 年第 6 期,第 66 - 68 页。

⑤ 王开琼:《红色文化资源价值与德育功能研究》,载《教育现代化》2016 年第 24 期,第 219 - 220 页。

⑥ 王春霞:《论红色文化资源在大学生思想政治教育中的功能定位及实现路径》,载《思想理论教育导刊》2018 年第 5 期,第 132 - 135 页。

创新。具体的有效途径有：讲授式教学、体验式教学、研究式教学、音像式教学等。① 王春霞指出，关于具体如何实现红色文化传承，首先要抓思想政治理论课，将承载了红色文化内涵的人物、事迹、精神贯穿于思想政治理论课各门课程中。②

（三）教育与红色文化传承研究综述

红色文化的传承离不开家庭教育、学校教育和社会教育。目前的研究成果主要集中在三个方面。一是学校教育。很多学者认为学校教育是青少年传承红色文化的主阵地，应当通过在校园中建好思想教育平台、挖掘校史资源、打造红色文化研究中心、上好思想政治理论课等，多措并举厚植红色基因。例如，王玲、陈昱霖指出，要将红色文化融入高校思想政治理论课课堂，比如给学生讲好中国的发展与中国共产党之间的故事，从正面对大学生起引导作用，促进其形成正确的价值观和向上的人生观；加强校园红色文化建设，营造良好的氛围。③ 二是社会教育。学者认为社会教育主要是媒介教育和社区教育。因此，一方面要加强媒介引领，应用好新媒体平台；另一方面要凝聚社区环境氛围，传承好红色基因。张文等指出，纸质媒体、电视广播媒体、手机移动传媒、互联网媒体都是全媒体传播红色文化的可行路径，同时为我们提出了优化路径的方法，包括：电视媒体植入红色广告，打造红色品牌；微媒体注入红色元素，增添活力。④ 三是家庭教育。仅有几位学者从理论上提出家庭教育是传承红色文化的重要渠道，应科学认识家庭教育的重要作用，引领家庭教育中红色基因的传承。李学勇认为，家庭成员之间天然的亲缘纽带关系会使文化传承的效果更好，应充分发挥家庭的优势，让家庭成为红色文化传承的基点。⑤ 赵子林、陈丽莹认为，在家庭传承过程中应加大对红色资源的挖掘整理力度，将其融入文化建设之中，将内容体系转化为传承体系和实践体系，通过家庭成员间的情感沟通、言传身教、生活化表达和实际需求等完成代际传承。⑥ 总体而言，从

---

① 张泰城、常胜：《论红色资源融入思想政治理论课教学的有效途径》，载《思想理论教育导刊》2011年第12期，第69-71页。

② 王春霞：《论红色文化资源在大学生思想政治教育中的功能定位及实现路径》，载《思想理论教育导刊》2018年第5期，第132-135页。

③ 王玲、陈昱霖：《红色文化资源在高校思想政治教育中的价值和实现》，载《学校党建与思想教育》2018年第11期，第86-88页。

④ 张文、全军桦：《全媒体传播"红色文化"的路径探析》，载《湖南社会科学》2014年第4期，第257-260页。

⑤ 李学勇：《新时期传承和弘扬红色家风的机制探析》，载《毛泽东思想研究》2017年第4期，第85-89页。

⑥ 赵子林、陈丽莹：《社会主义核心价值观生活化的家风路径》，载《华侨大学学报（哲学社会科学版）》2019年第5期，第15-21页。

家庭教育的视角探讨红色基因传承的研究成果较少,还处在起步阶段。

(四)国外家庭教育研究综述

因为红色文化是我国独有的政治概念,所以尚未在国外的研究中检索到关于家庭教育中红色文化传承的相关资料。但西方家庭教育中对青少年爱国、拼搏、奋斗等精神培养和坚韧、责任等品质塑造方面的研究非常丰富:一是重视家庭教育与国家的关系,尤其注重家庭教育为国家建设服务的功能。有美国学者明确提出家庭教育的政治目标,如要借助家庭中民主的氛围培育青少年自由、平等、包容的价值观。① 二是通过立法来规范家庭教育,重点培养青少年仁爱、负责、友善等优良品质。如有德国学者认为,为了消除第二次世界大战纳粹主义的影响,需要通过立法来规范家庭教育,重点培养孩子仁爱、负责、友善等优良品质。② 三是强调家庭教育要充分利用重要的传统节日和纪念日,让青少年感受到民族文化,激发爱国热情。四是重视对青少年爱国主义、民族精神、价值观教育等方面的研究,体现了家庭教育的阶级属性和政治属性。例如小林哲也在《日本的教育》中指出,日本的家庭教育侧重在日常生活中培养孩子坚忍不拔、顽强拼搏等"武士道精神",通过言传身教,塑造孩子谦和忍让、忠义爱国等品质。同时,日本的家庭教育中也融入了忧患意识、竞争意识等品质锻炼。③ 总的来看,虽然国外家庭教育研究主要是为资产阶级政治统治服务,但其研究成果对我国家庭教育中红色文化传承的研究也提供了有益的启发和借鉴。

三、研究目标和框架

(一)研究目标

本研究运用马克思主义基本理论,系统考察和深入阐明家庭教育与红色文化传承的逻辑关联、发展特点、影响因素等,分析家庭教育传承红色文化面临的机遇和挑战,最终提出家庭教育传承红色文化的总体要求、基本原则和具体路径等,为全面贯彻习近平总书记关于红色文化的重要讲话精神提供科学依据。

(二)研究框架

全书共分为五个部分。

---

① [美]戴蒙:《品格教育新纪元》,刘晨康等译,人民出版社2015年版,第6页。
② 朱婕:《德国家庭教育的经验及对我国教育的启示》,载《教育探索》2015第5期,第31-33页。
③ [日]小林哲也:《日本的教育》,徐锡龄等译,人民教育出版社1981年版,第51页。

1. 家庭教育与红色文化传承的内在逻辑关联

本部分首先阐述了马克思主义关于环境与人的关系理论和精神生产理论，然后依据马克思主义基本理论，对家庭教育与红色文化传承的内在逻辑关系进行分析：一方面，家庭教育是构成红色文化传承的重要环境和载体，青少年红色文化的传承需要学校教育和社会教育，也需要家庭教育；另一方面，传承红色文化是家庭教育的主要内容和灵魂，在中国特色社会主义新时代发展的关键时期，面对家庭教育中出现的重智育轻德育、多样化社会思潮冲击、西方敌对势力渗透等问题，必须坚守家庭教育的意识形态属性，传承红色文化，增强青少年对党和国家的政治认同。运用马克思主义的基本理论，厘清家庭教育与红色文化传承的辩证统一关系，是本书研究的逻辑起点。

2. 家庭教育是红色文化传承的重要环境和载体

自古以来，中国优秀的传统文化与道德思想都可以通过家庭教育形成家族风气，在家庭成员的精神血脉中代代相承，传递不绝。这种道德和价值观传承的方式具有鲜明的中国特色，也是青少年得以继承、培养道德观念与行为规范的最久远、最稳定的教育路径。新中国成立以来，学校教育和社会教育成为红色文化传承的主要平台，家庭教育的作用一度被忽视。进入新时代，党和国家相继制定和颁发了《中华人民共和国家庭教育促进法》（2022）、《关于健全学校家庭社会协同育人机制的意见》（2023）。家庭教育在新时代的地位与功能受到空前重视，亦被赋予了新的使命，成为红色文化传承的重要环境和载体。

3. 红色文化是家庭教育的核心和灵魂

红色文化是具有显著中国特色的文化，是革命文化的重要组成部分，是建设中国社会主义先进文化的历史前提。红色文化蕴含着丰富的革命精神和爱国情怀，是中华民族宝贵的精神财富。它不仅仅是一种历史记忆和文化传承，更是一种精神滋养和道德引领。红色文化是家庭教育的核心和灵魂，传承红色文化是家庭教育的主要内容和目标。红色文化的内核即红色精神，是中国共产党领导中国人民在革命、建设、改革各个时期所形成的伟大精神。这种精神已经深深融入中华民族的血脉和灵魂，成为鼓舞和激励中国人民不断攻坚克难、奋勇前进的强大精神动力。

4. 家庭教育传承红色文化面临的困境分析

红色文化强调革命理想和革命精神，倡导艰苦奋斗、无私奉献的价值观，是中华民族精神的重要组成部分。家庭作为个体发展最初的社会环境，家庭教育在红色文化传承上的作用不容忽视、不可取代。家庭价值观、家庭教育方法、家庭教养方式等都是影响红色文化传承的重要因素。但实际家庭教育活动中的红色文化传承往往呈现出"雷声大、雨点小"的势态，地位不够突出，与社会发展需求和家庭实际生活现状严重脱节。可以说，在当前家庭教育中，红色文化的传承面临着一定程度上的波折和困境，主要原因来自社会环境变迁带来的挑战、家庭教育中重智育轻德育取向增长以及西方意识形态的持续渗透等。

5. 家庭教育传承红色文化的对策探讨

家庭教育传承红色文化的基本原则是指在家庭教育中为了更好地达到红色文化传承的效果所必须遵循的法则或标准，包括方向性原则、目标性原则、情感性原则等。新形势下，家庭教育、红色文化的环境和背景都发生了重大变化，因此，必须对家庭教育中红色文化传承的总体要求做出新的思考和认识，要注重提升家庭教育的实效性，满足青少年的内在需要，促进人的自由、全面发展。面对新形势、新问题，在家庭教育中传承红色文化不仅需要厘清"为什么""是什么"的问题，更需要探寻"如何传""怎么传"的具体实践路径：坚持家庭教育的意识形态属性，构建红色文化传承的认同机制；重视家庭教育的日常生活功能，创新红色文化传承的实践机制；尊重家庭教育的规律特点，创造红色文化传承的情感机制；发挥家庭教育的基础核心作用，形成红色文化传承的统筹机制。

第一章　家庭教育与红色文化传承的内在逻辑关联

家庭教育与红色文化传承是一对紧密联系、高度相关的范畴和概念。一方面，家庭教育是构成红色文化传承的重要环境和载体，青少年红色文化的传承需要学校教育和社会教育，也需要家庭教育；另一方面，红色文化传承是家庭教育的主要内容和灵魂，在中国特色社会主义新时代发展的关键时期，面对家庭教育中出现的重智育轻德育、多样化社会思潮冲击、西方敌对势力渗透等问题，必须坚守家庭教育的意识形态属性，传承红色文化，增强青少年对党和国家的政治认同。运用马克思主义的基本理论，厘清家庭教育与红色文化传承的辩证统一关系，是本书研究的逻辑起点。

第一节　理论基础阐述

马克思主义是关于自然、人类社会和人类思维的科学理论，包含了对主客观世界深刻、智慧的分析，是科学的世界观、人生观与价值观。马克思主义关于环境与人的关系理论和精神生产理论为我们正确地分析家庭教育与红色文化传承的辩证关系奠定了理论基础，提供了理论依托。

一、环境与人的关系理论

（一）理论概述

马克思主义认为，人是环境的产物，人的思想的形成和发展离不开一定环境的影响。环境所形成的客观场域影响着人的思想，对人的发展和价值观的形成具有重要作用。家庭教育与传承红色文化的关系也体现了马克思主义关于环境与人的关系理论，其中家庭教育属于环境范畴，传承红色文化是人的行为和价值观的体现。马克思主义环境理论认为，环境与人之间是辩证统一的关系。环境创造了人，人对环境有能动作用，同时环境和人的辩证关系又统一于社会实践。

1. 环境创造了人

人之所以与其他动物有区别，是因为劳动创造了人，人在改造自然环境的劳动过程中从猿变成了人。一方面，劳动是猿进化为人的重要推动力，劳动使猿脑不断地思考、进化，最终发展为人脑；另一方面，在劳动过程中，猿手不断地精细化、灵巧化，最终进化成人手。也就是说，人的身体结构正是在对自然环境进行改造的过程中不断发生变化，在长期的劳动实践中，实现了猿进化成人的过程。

2. 人对环境有能动作用

人与动物的根本区别是，人是社会中的人，社会性是人的基本属性。一方面，环境创造人，但另一方面，人对环境有能动作用。因为人是有思想、有意识的个体，人的存在以特定时期、特定阶段的社会关系为基础，社会的形成不能脱离对环境进行改造的过程。正是人们运用自己的知识、智慧、能力在实践中对环境不断地进行改造，才能为个人成长和发展提供更好的环境条件，也就是说，人可以通过自己的思想、意识来改变环境。

3. 环境和人的辩证关系统一于社会实践

环境创造人和人对环境有能动作用有机统一于社会实践。在改造环境的社会实践活动中，人不但成为自然人，还成为社会人和实践人。具体来说，人通过实践活动改造自然界，获得生活资料、物质资料，最终实现环境向人的转化。而人类在改造环境的实践活动中，同时也完成了对自身的改造，即环境和人的辩证关系统一于社会实践。

（二）理论启示

家庭是一种环境，红色文化的传承是人的实践活动。环境会对人的思想意识、价值观念的形成产生重要的影响。环境既包括自然环境，也包括社会环境和家庭环境。自然环境主要是自然存在的物质环境；而社会环境主要是指人产生后形成的人与人之间生存和发展的环境，包括政治环境、经济环境、文化环境、家庭环境等。自然环境和社会环境都对人有着重要影响。家庭环境是社会环境的重要组成部分，家庭环境作用于人，影响着人的思想素质、价值观念的形成。因此我们必须重视家庭教育，在这种环境中实现红色文化的传承。

事实上，我们每个人从幼童走向成年，就是从以血缘为纽带的紧密型的微观环境迈向陌生疏远型的宏观社会的过程。家庭作为个体发展的最初社会环境，家庭教育在传承红色文化方面的作用不容忽视、不可取代。一方面，它作为微环境，是个体日常学习生活的主要居所和直接发生接触的环境系统，因此对个体价值观念和行为模式的塑造具有显著功效。另一方面，个体所处的学校中环境、社会大环境也必须通过家庭这个微观环境来影响个体的发展。

二、马克思主义精神生产理论

（一）理论概述

马克思主义精神生产理论是马克思主义哲学的重要组成部分，它探讨了精神生产在社会生活中的地位和作用。根据马克思主义的观点，精神生产是人类社会生产活动的一个方面，与物质生产相互作用、相互影响。精神生产包括科学、艺术、宗教、哲学等意识形态的创造活动，这些活动不仅反映社会存在，而且对社会存在具有反作用。

首先，精神生产是人类在物质生产活动中所进行的关于思想、观念和意识的创造性劳动。马克思将人类的生产活动分为物质生产和精神生产两个方面，两者相互关联、相辅相成，共同构成人类社会的丰富与多样性。其次，精神生产理论强调，精神生产是时代发展的重要反映，它始终以时代的发展为其哲学实践基础，并从实践中不断汲取理论的精华，实现理论的创新。最后，精神生产也与物质生产紧密相连，受到物质生产条件的制约，但同时又具有相对的独立性，并对物质生产产生能动的反作用。

在资本主义社会中，精神生产受到资本主义生产关系的制约，成为资本的附庸，被异化成为商品，成为资本家获取利润的手段。这种情况下，精神产品的真实意义被扭曲和剥夺，人们无法得到真正的精神满足。马克思也提出，精神生产与物质生产一样需要得到合理的报酬，以体现精神生产者的劳动价值。在当代社会，随着经济全球化和信息技术的发展，精神生产的规模不断扩大，速度不断提高。然而，精神生产的商品化、商业化现象也日益突出，精神产品的创作者往往受到商业利益的制约，导致了精神生产的异化和扭曲。因此，重新审视和理解马克思主义精神生产理论，对于促进精神生产的健康发展、维护精神生产者的权益具有重要意义。

（二）理论启示

马克思主义精神生产理论为我们理解人类社会的精神生产活动提供了重要的理论工具，它揭示了精神生产的本质特征和发展规律，有利于我们更好地进行当代社会的精神生产实践。

在家庭教育中传承红色文化就是一种重要的精神生产实践活动。精神生产是社会实践的重要形式，是人类重要的认识活动，具有促进人全面而自由发展的价值功能。在家庭教育中，红色文化传承的方式主要包括口传心授、言传身教等，这是一种以生产满足个体精神需要的成果为中心的实践活动，承载着精神生产的一般功能，具有鲜明的精神生产特性，如实践性、人本性、创造性等。在家庭教育中传承红色文化，可以充分发挥红色文化精神生产的作用，使之成为青少年的精神航标，让青少年努力成长为德智体美劳全面发展的社会主义建设者和接班人。

第二节 家庭教育与红色文化传承的内在关系

马克思主义的科学环境观和精神生产理论是探讨家庭教育与红色文化传承两者关系的理论基石。本节在厘清家庭、家庭教育、家庭教育环境等基本概念的基础上,重点运用马克思主义基本理论,阐述家庭教育与传承红色文化的内在关系,为后文的研究奠定基础。

一、家庭教育构成红色文化传承的重要环境

人是社会的人,人的生存和发展始终处于各种环境之中,既包括自然环境,也包括社会环境。家庭环境是社会环境的重要组成部分。家庭环境所形成的"家庭场域"影响着人的存在,对人的发展和价值观的形成具有重要作用。

(一)家庭

家庭是以夫妻为主体的,包括父母、子女等亲属在内的共同生活的社会关系组织形式。家庭是社会的细胞,是群体生活的基本单元,发挥着多种社会功能。它除了为家庭成员提供主要的生活场所之外,还在培养和教育家庭成员,使之社会化上具有不可替代的作用。

随着现代社会的发展,家庭的结构出现变化,但个体对于家庭的需求依然是一种深植于内心的、与生俱来的生存型需要。美国学者桑内特指出:"'公共'意味着向任何人的审视开放,而私人则意味着一个由家人和朋友构成的、受到遮蔽的生活区域。"[1] 这句话表明家庭是私人领域,家庭关系是感情丰富且密切的私人关系。家庭不仅为个体提供生活上的供养和物质上的支持,更是个体情感的寄托和归属感的来源,它代表着爱、关怀和支持。在家庭中,我们学习家庭传统和价值观,继承先辈们的智慧和经验。家庭也是我们传承文化的重要场所。家庭文化是我们成长的根基,也是我们未来发展的重要支撑。

(二)家庭教育

《说文解字》一书中说,"教,上所施,下所效也""育,养子使作善也"。根据其解释,教育是地位高者、年长者对地位低者、年幼者的影响。《中国大百科全书》中把家庭教育定义为"父母或其他年长者在家庭内自觉地、有层次地对子女进行的教育"[2]。但随着时代的发展与社会的进步,现代的家庭教育更为强调家庭成员中彼此尊重、平等的关系,认为教育是在互动过

---

[1] [美]桑内特:《公共人的衰落》,李继宏译,上海译文出版社2008年版,第18页。
[2] 中国大百科全书总编辑委员会编:《中国大百科全书·教育》,中国大百科全书出版社2002年版,第40页。

程中所实施的影响。

作为一种独立的教育形态，家庭教育有其自身的规律和特点。首先，家庭教育是终身的，从孩子出生开始，父母就是孩子的第一任老师，这种教育贯穿孩子的整个成长过程。其次，家庭教育是全面的，它不仅包括知识教育，还包括品德教育、情感教育、生活习惯的培养等多方面内容。再次，家庭教育是个性化的，每个家庭的环境、父母的教育观念和方法都不尽相同，因此家庭教育的方式和效果也会有所差异。最后，家庭教育是互动的，父母与孩子之间的互动是家庭教育的重要组成部分，这种互动关系到孩子的社会适应能力和人际交往能力的培养。

凭借着这些特点，家庭教育对受教育者的个体发展以及推动社会进步有着显著的影响，并发挥着重要的作用。一方面，它具备对个体进行社会化的本质功能；另一方面，它能实现对社会政治、经济、文化等诸方面的延展功能。习近平总书记强调："家庭是社会的基本细胞，是人生的第一所学校。不论时代发生多大变化，我们都要重视家庭建设，注重家庭、注重家教、注重家风，使千千万万个家庭成为国家发展、民族进步、社会和谐的重要基点。"[①]随着现代社会的发展，家庭的结构出现变化，个体也更早地由家庭内部朝外走向社会，受到社会教化全方位的影响。但一个人对家庭的需要仍属于天然的生存型需要，家庭也依旧承担着养育后代的义务和责任，可以通过经济纽带、感情联结等特殊力量对个人产生不可排除、不可替代、不可低估的重要教育作用。

（三）家庭教育环境

家庭教育环境是指家庭成员之间相互作用、相互影响的氛围和条件，它包括家庭成员的教育观念、教育方式、家庭文化、家庭结构、家庭经济状况等多个方面。一个良好的家庭教育环境能够为孩子的成长提供积极的支持和引导，促进其身心健康和全面发展。家庭教育的环境因素包括以下五个方面。

1. 家庭教育观念

家庭的教育观念直接影响家长的教育行为和孩子的成长轨迹。开放、包容、注重孩子个体差异和全面发展的教育观念，能够培养孩子积极探索、勇于尝试的品质，培养他们的创新能力和自信心。

2. 家庭教育方式

教育方式是指家长在教育孩子时所采用的方法和手段。有效的教育方式应当是既严格又充满关爱的，既给予孩子必要的指导和约束，又尊重他们的意愿和选择，培养他们的自主性和责任感。

---

① 习近平：《在会见第一届全国文明家庭代表时的讲话》，载《人民日报》2016年12月16日第1版。

3. 家庭文化

家庭文化是一个家庭所共有的价值观、信仰、习俗和传统的总和。积极、健康的家庭文化能够潜移默化地影响孩子的行为模式和道德观念，帮助他们树立正确的世界观、人生观和价值观。

4. 家庭结构

家庭结构是指家庭成员之间的构成和关系。不同的家庭结构（如核心家庭、单亲家庭、联合家庭等）会对孩子的成长产生不同的影响。通常来说，稳定、和谐的家庭结构可以为孩子提供安全的成长环境，减少他们面临的心理压力和困扰。

5. 家庭经济状况

家庭经济状况虽然不是决定孩子成长的唯一因素，但它对孩子的教育资源和机会有着重要影响。家长应根据家庭经济状况合理规划孩子的教育投入，确保孩子能够获得适当的教育资源和机会。

为了营造一个良好的家庭教育环境，家长需要不断学习和提升自己的教育素养，关注孩子的成长需求和心理变化，与孩子建立良好的沟通和信任关系，共同为孩子的成长努力。同时，社会也应加强对家庭教育的支持和引导，为家长提供必要的帮助和资源，共同促进孩子的健康成长。

（四）家庭教育是红色文化传承的重要环境

家庭作为社会的基本单位，是孩子成长的第一课堂。德国学者劳夫认为，"母亲从生育孩子的那一刻起就开始谱写教育的历史"[1]。父母和长辈通过讲述革命故事、传承红色精神、实践红色文化，可以让孩子从小树立正确的历史观、民族观和国家观。家庭教育中的红色文化传承，不仅包括对红色历史的记忆和尊重，还包括对红色精神的实践和发扬，这对于培育新时代的社会主义建设者和接班人具有深远的意义。在家庭教育这一独特环境中，红色文化的传承不仅局限于知识的传授，更是一种情感的共鸣和价值的内化。父母可以通过与孩子共同参与红色主题活动、参观红色教育基地、观看红色影视作品等方式，让孩子亲身体验和感受红色文化的魅力，激发他们的爱国热情和民族自豪感。

同时，家庭教育还可以培养孩子的批判性思维和创新能力，引导他们在了解红色历史的基础上，学会从不同角度思考问题，形成独立的见解和判断力。这样，孩子们不仅能够继承红色文化的精髓，还能够在新时代背景下赋予其新的内涵和活力。此外，家庭教育中的红色文化传承还需要家长的榜样示范和言传身教。家长以身作则，通过自己的言行举止展现出对红色文化的热爱和尊重，为孩子树立良好的榜样。总之，家庭教育作为红色文化传承的重要环境，

---

[1] ［德］劳夫：《理解教育》，刘丽等译，龙门书局2011年版，第20页。

具有不可替代的作用。

二、传承红色文化是家庭教育的核心

(一) 文化

"文化"（culture）自古以来就是一个非常复杂的概念，不同的人、不同的发展阶段、不同的情境，对文化的理解都不同。随着人类社会的发展，"文化"一词承载着越来越多、越来越复杂、越来越深刻的信息，以至于至今都没有关于"文化"这个概念的统一定论。全面理解"文化"的内涵应该从深层次、多角度、全方位对其进行剖析和审视。

我国古汉语中的文化观涵盖着十分复杂的内容。先秦时期，"文"和"化"已频繁出现于各类典籍，但都是各自出现，并不连用，其中"文"主要是纹理、纹路、文章之意，而"化"则表示造化、生成等义。一直到汉代以后，"文"和"化"才真正开始连用，在特定情境中构成特定语义关联。这在《易经》和刘勰的《原道》中有非常精辟的阐释。"文化"的本意是人文世界的化成，即由"文"到"化"的过程为依天地之道而化成人的世界的过程。可以说，中国古代先人对于"文"和"化"的阐述富含着"天人合一"的思想，是有其进步意义的。

在西方，"文化"最早被赋予"精神"的理解和含义，例如在德国学者萨穆埃尔·普芬道夫的著作中，他将"文化生活"等同于"精神生活"。14至17世纪的文艺复兴运动则将"文化"理解为动词，意为"培养才智、锻炼举止"。后来，西方学者将"文化"一词不加限定地使用，以至于对文化的定义数不胜数，达到400多种。

1871年，英国人类学家泰勒在其《原始文化》一书中第一次对文化做了较为系统的归纳和总结，他认为："文化是一种复杂体，它包括知识、信仰、艺术、道德、法律、风俗以及作为社会成员获取的任何其他能力和习惯。"[1]后来美国社会学家奥格本对泰勒的定义进行了修正："文化是复杂体，包括实物、知识、信仰、艺术、道德、法律、风俗以及其余社会上习得的能力与习惯。"[2] 加拿大学者麦克卢汉则认为："文化总是体现为各种各样的符号，凡举人类的器具用品、行为方式，甚至思想观念，皆为文化。"[3]可见，人们对文化的认识和理解是一个过程，对文化的阐述没有终结性的结论。

随着历史的发展，现如今，人们赋予"文化"更深层次的含义和理解。

---

[1] ［英］泰勒：《原始文化》（第1卷），连树生译，上海译文出版社1992年版，第1页。
[2] ［美］奥格本：《社会变迁》，王晓毅、陈玉国译，浙江人民出版社1989年版，第2页。
[3] ［加］麦克卢汉：《理解媒介：论人的延伸》，何道宽译，商务印书馆2000年版，第4页。

笔者认为，我们对"文化"概念的界定应该是在综合中国古代传统和西方思维范式的基础上，借鉴和批判各种观点后提出的自己新的、有价值的看法和理解。本书根据马克思、恩格斯关于文化的思想论述，认为文化是在人类社会实践的基础上产生和创造出来的精神生产和精神财富的总和。根据这个定义，我们可以从以下三个方面来理解文化。

1. 文化是一个实践过程

"化"本意也为造化、生成，是一个实践、变化发展的过程。实践本身就是一个主观见之于客观的活动。人类在实践的基础上创造了文明，创造了文化。文化形态也随着实践不断发展变化，从古至今产生了原始社会文化、奴隶社会文化、封建社会文化、资本主义社会文化、社会主义文化等，未来还会产生共产主义文化。文化随着实践的发展而发展，稳定是相对的，变化则是绝对的。

2. 文化是一种精神生产方式

1844年，马克思与恩格斯合著的《神圣家族》一书中第一次使用"精神生产"这一概念，马克思与恩格斯指出："甚至精神生产的领域也是如此。如果想合理地行动……"[①] 这里明确地提出"精神生产"这一概念。马克思与恩格斯将文化归入生产的行列，认为它也是经过一定的方式所产生的有价值的东西，所以认定为精神文化生产。

3. 文化的精神生产是推动历史发展的重要力量

精神文化生产属于意识范畴，马克思与恩格斯论述精神生产的作用，指出"有无数个力的平行四边形，而由此就产生出一个总的结果"[②]，"而是融合为一个总的平均数，一个总的合力，然而从这一事实中决不应作出结论说，这些意志等于零"[③]。这个合力包含着许多单个的意志，这里所说的意志从属于精神文化的范畴，是多种意识产生的合力。精神文化生产推动着物质文化的生产，最终推动着历史的发展。也就是说，精神文化生产是推动历史发展的合力之一。

（二）红色文化

红色文化是指在中国共产党领导下，特别是在中国革命和建设过程中形成的一系列文化现象、文化成果和文化传统。它包括了革命历史、英雄人物、革

---

① 中共中央马克思恩格斯列宁斯大林著作编译局：《马克思恩格斯全集》（第2卷），人民出版社1957年版，第62页。

② 中共中央马克思恩格斯列宁斯大林著作编译局：《马克思恩格斯全集》（第37卷），人民出版社1957年版，第462页。

③ 中共中央马克思恩格斯列宁斯大林著作编译局：《马克思恩格斯全集》（第37卷），人民出版社1957年版，第463页。

命歌曲、红色故事、红色影视作品、红色旅游景点等。红色文化从来不只是抽象的概念，它记录了百年以来共产党人筚路蓝缕的苦难与辉煌、驰而不息的艰辛与奋进，是通过真切的历史记忆和历史场景来呈现的。红色文化体现了中国共产党和中国人民在长期斗争中形成的革命精神和价值观念，如坚定的理想信念、无私的奉献精神、艰苦奋斗的作风等。它是中国特色社会主义文化的重要组成部分，对于传承和弘扬中国革命精神、加强爱国主义教育、构建社会主义核心价值体系具有重要意义。

在当今社会，随着经济的快速发展和社会的深刻变革，红色文化的重要性日益凸显。它不仅是我们了解历史、认识国情的重要途径，更是我们培养爱国主义情感、坚定理想信念的重要载体。通过学习和传承红色文化，我们可以深刻领悟到革命先辈们为了民族独立和人民幸福所付出的巨大牺牲和不懈努力，从而更加珍惜来之不易的幸福生活，更加坚定地走中国特色社会主义道路。

（三）传承红色文化是家庭教育的核心

红色文化是家庭教育的灵魂和核心，其对家庭教育的影响主要体现在创造、凝聚、导向（引领）三个方面。

1. 红色文化对家庭教育的创造功能

红色文化强调集体主义和奉献精神，这有助于培养孩子对家庭和社会的责任感。通过学习红色历史和英雄人物的事迹，孩子们能够理解个人与集体的关系，认识到个人利益应服从于集体利益，从而在家庭生活中更加注重家庭成员间的相互支持和共同进步。家庭教育中融入红色文化元素，可以教育孩子在遇到学习或生活上的难题时，保持坚韧不拔的意志，培养他们克服困难的能力和勇气。红色文化中蕴含的家国情怀，能够培养孩子对国家和民族的热爱以及团结协作精神。红色文化作为中国特有的文化资源，有利于增强孩子的文化自信和民族自豪感，并激发其创新和实践能力。

2. 红色文化对家庭教育具有凝聚功能

长辈讲述革命历史故事，可以让家庭成员，特别是青少年了解国家和民族的历史，激发爱国情感，增强民族自豪感和集体荣誉感。红色文化中所倡导的艰苦奋斗、无私奉献、团结互助等价值观念，能够引导家庭成员树立正确的人生观和价值观。在日常生活中，这些价值观有助于家庭成员之间相互支持、共同进步，增强家庭的凝聚力。同时，红色文化传递着辉煌的历史记忆，具有鲜明的中国特色、中国气派和中国风格，可以增强人们对中华文化的认同感和归属感，焕发出全国各族人民投身于社会主义现代化强国建设中无穷无尽的精神力量，增强社会的凝聚力。

3. 红色文化对家庭教育具有导向（引领）功能

随着改革开放和经济全球化的不断深入，西方的文化和思想渐渐渗透到我国人民群众的工作与生活中,对我国文化产生了不小的冲击,助长了当今社会的一部分人,尤其是青少年价值观的扭曲,最终导致自私、利益至上、道德下滑等社会现象。而红色基因"通过对价值观的批判、建构与引领活动"①,以"润物细无声"的方式塑造人们的"三观",并使其与主流意识形态保持一致。通过学习革命历史和英雄人物的事迹,孩子们可以传承坚韧不拔、无私奉献的精神,从而在日常生活中培养出积极向上的人生态度。因此,红色文化在家庭教育中具有重要的引领作用,它不仅能够帮助家庭成员树立正确的价值观念,还能够引领孩子们全面发展,成为有责任感、有道德、有担当的新时代青年。

总之,马克思主义关于环境与人的关系理论和精神生产理论是探讨家庭教育与红色文化两者关系的理论基石。依据马克思主义基本理论,本书认为家庭教育与红色文化是一种对立统一的关系:一方面,家庭教育构成红色文化传承的重要环境和载体,红色文化的传承离不开家庭教育的影响和作用;另一方面,红色文化是家庭教育的主要内容和核心,在中国特色社会主义新时代发展的关键时期,面对家庭教育中出现的重智育轻德育、多样化社会思潮冲击、西方敌对势力渗透等问题,必须坚守家庭教育的意识形态属性,传承红色文化,增强青少年对党和国家的政治认同。运用马克思主义的基本理论,厘清家庭教育与红色文化传承的辩证统一关系,是本书研究的逻辑起点。

---

① 王春霞:《红色文化在国家治理现代化视域下的功能发挥》,载《思想教育研究》2020年第7期,第110-115页。

第二章　家庭教育是传承红色文化的重要环境和载体

家庭教育在我国源远流长。我国从古代开始就十分重视家庭教育，并形成了重视人格教养、道德熏陶的家庭教育传统。春秋时期的《论语》、战国时期的《学记》以及其他诸子百家经典著作，都包含着丰富的有关家庭教育的内容。可以说，自古以来，中国优秀的传统文化与道德思想都可以通过家庭教育形成家族风气，在家庭成员的精神血脉中代代相承，传递不绝。这种道德和价值观传承的方式具有鲜明的中国特色，也是青少年得以继承、培养道德观念与行为规范的最久远、最稳定的教育路径。

新中国成立以来，学校教育和社会教育成为红色文化传承的主要平台，家庭教育的作用一度被忽视。进入新时代，党和国家相继制定和颁发了《中华人民共和国家庭教育促进法》（2022）、《关于健全学校家庭社会协同育人机制的意见》（2023）。家庭教育在新时代的地位与功能受到空前重视，亦被赋予了新的使命，成为传承红色文化的重要环境和载体。

第一节　家庭教育的时代变迁

家庭教育的时代变迁是一个涉及文化、经济和教育等因素的复杂话题。在不同的历史时期，家庭教育的内容、方法和目标都有所不同，反映出家庭价值观的演变，也见证了社会进步和人类文明的发展。

一、家庭教育功能及其阶段划分

在人类历史长河中，家庭教育是最为持久的一种教育形式。[①] 社会变迁引起家庭结构、家庭关系和家庭功能的改变和分化，但家庭的情感和教育功能却在历史变迁中一直保留下来。尤其是家庭的教育功能具备学校教育和社会教育无法替代的重要价值，集中体现在人的生物学属性及家庭的独特结构之上。纵观历史长河，家庭教育可以被笼统地划分为四个阶段，分别是原始社会的"唯家庭教育是教"的第一阶段，进入农业社会之后的"家庭教育为主、学校

---

① ［美］奥格本：《社会变迁：关于文化和先天的本质》，王晓毅、陈育国译，浙江人民出版社1989年版，第69页。

教育为辅"的第二阶段,进入工业化社会之后的"学校教育为主、家庭教育为辅",甚至"唯学校教育是教"的第三阶段,以及当前正在经历的"学校教育、家庭教育与社会教育共同发展、共建共育"的家庭教育现代化阶段。

(一)原始社会:"唯家庭教育是教"阶段

在早期的原始社会中,家庭教育是唯一的教育方式。那时,由于社会生产力水平低下,人们主要依赖群体生活来共同抵御自然灾害、狩猎采集,并传承生活技能与知识。在这样的背景下,家庭教育便自然而然地成了传递这些重要信息与技能的主要途径。家庭成员,尤其是长辈,通过言传身教的方式,将生存技能、生活经验、社会规范以及文化传统等传授给年轻一代。这种教育方式不仅紧密贴合了当时的社会生活需求,还深刻体现了人类文化的传承与发展。

(二)农业社会:"家庭教育为主、学校教育为辅"阶段

在农业社会,家庭教育与学校教育的关系呈现出"家庭教育为主、学校教育为辅"的特点。这一阶段特点的形成,与当时的社会背景、经济结构以及文化观念密切相关。首先,农业社会以自给自足的自然经济为主导,家庭作为生产和生活的基本单位,承担着教育子女的重任。家庭成员,尤其是父母和长辈,通过口传心授、身体力行的方式,将生产技能、生活常识、道德规范等传授给下一代。这种教育方式具有直接性、实践性和长期性的特点,使得家庭教育在农业社会中占据了主导地位。其次,虽然学校教育在农业社会中也存在,但其发展相对滞后,且往往局限于少数特权阶层。由于教育资源有限,大多数普通家庭的孩子难以获得接受学校教育的机会。即使有机会进入学校,学习的内容也往往以儒家经典、诗词歌赋等为主,与农业生产的实际需求脱节。因此,在农业社会中,学校教育更多的是作为家庭教育的一种补充和辅助手段存在。

(三)工业化社会:"学校教育为主、家庭教育为辅"阶段

在工业化社会,随着生产方式的变革和社会结构的调整,"学校教育为主、家庭教育为辅"的教育模式逐渐占据主导地位。这一阶段的形成,是多种因素共同作用的结果。学校教育之所以成为主导,主要得益于其系统化、规模化的教学优势。学校作为专门的教育机构,拥有完善的教学设施、专业的教师队伍和系统的课程设置,能够为学生提供全面、系统的知识教育。学校教育注重知识的传授和技能的训练,通过课堂教学、实验实践等多种方式,帮助学生掌握基础知识和基本技能,为未来的学习和工作打下坚实的基础。相对于学校教育而言,家庭教育在工业化社会中发挥辅助和补充作用。

（四）新时代："学校教育、家庭教育与社会教育共同发展、共建共育"的家庭教育现代化阶段

家庭教育现代化阶段追求的是学校教育、家庭教育与社会教育的深度融合与协同发展。这一过程中，强调的不再是单一教育领域的独立作用，而是三者之间的相互补充、相互促进，共同构建一个全方位、多层次的教育生态系统。学校教育作为专业知识的传授者和价值观塑造的重要场所，为孩子们提供了系统的学习环境和丰富的教育资源。它注重培养学生的学术能力、思维方式和综合素质，为学生未来的发展奠定坚实的基础。家庭教育则是孩子成长过程中不可或缺的一环。家庭是孩子的第一个课堂，父母是孩子的第一任老师。家庭教育强调情感的培养、品德的塑造以及生活习惯的养成。父母通过与孩子的亲密互动和日常生活中的言传身教，潜移默化地影响着孩子的成长轨迹。社会教育则是学校教育和家庭教育的延伸和拓展。它利用社会资源和社会环境，为孩子提供更广阔的实践平台和学习机会。通过参与社会实践、志愿服务等活动，青少年可以更好地了解社会、融入社会，培养自己的社会责任感和实践能力。总之，家庭教育现代化阶段倡导学校教育、家庭教育与社会教育的有机结合。这意味着家长要积极参与孩子的教育过程，与学校建立紧密的合作关系；学校也要主动融入社会，利用社会资源来丰富教育内容和方法；同时，社会也要为家庭教育和学校教育提供必要的支持和保障。只有这样，才能真正实现教育的现代化和全面发展。

二、改革开放以来中国家庭教育的发展和演变

改革开放以来，中国家庭教育经历了显著的发展和演变，这一进程与社会变迁、教育改革以及家庭结构变化等因素密切相关，我们将其划分为三个阶段。

（一）萌芽探索阶段（1978—1995年）

改革开放以来，中国家庭教育的萌芽探索阶段可以大致划分为从改革开放初期到1995年这一时间段。在这一阶段，随着对内改革、对外开放的推进和教育事业的快速发展，家庭教育也开始逐渐受到社会的关注和重视。1980年，中国首个以家庭教育研究为宗旨的学术机构"北京市家庭教育研究会"成立；1989年，"中华全国家庭教育学会"成立。这些机构的建立为家庭教育研究提供了公共交流平台，推动了家庭教育实践的深入发展。1995年《中华人民共和国教育法》的出台，首次明确提出了"家庭教育"的概念，标志着家庭教育在法律层面得到了正式确认。这一时期家庭教育的重要性虽然逐渐被认识，但实际操作中仍面临诸多挑战和困难，家庭教育的实施往往依赖于家长的个人

素质和教育观念。家庭教育的理论发展也仍处于起步和摸索阶段，尚未形成系统的政策和理论体系。可以说，这一阶段家庭教育的发展明显滞后于学校教育和社会教育，家庭教育在很大程度上被视为家庭内部的"家事"，缺乏专门的法律约束和政策指导。

（二）奠基深化阶段（1996—2009 年）

中国家庭教育的奠基深化阶段主要在 1996 年至 2009 年期间。这一时期，家庭教育在政策和实践层面都取得了显著进步，为后来的深化发展奠定了坚实基础。一方面是政策层面的奠基。1996 年发布的《全国家庭教育工作"九五"计划》是我国第一个以"家庭教育"直接命名的专门化政策和首个家庭教育五年计划。这一计划的出台，标志着家庭教育开始纳入国家发展规划，进入常态化、机制化的发展轨道。此外，虽然这一时期没有专门针对家庭教育的法律出台，但相关政策法规中已开始涉及家庭教育的内容。例如 2006 年《中华人民共和国未成年人保护法》的修订也增加了家庭教育的条款，要求父母或其他监护人应当学习家庭教育知识、正确履行监护职责等规定，进一步明确了家庭教育的法律地位和家长的法定责任。这次修订还进一步细化了父母或其他监护人在预防未成年人犯罪方面的责任。另一方面是实践层面的深化。随着家庭教育研究的深入和社会需求的增加，各级政府逐渐将家庭教育事业发展纳入精神文明建设规划。此外，各级政府和教育部门开始重视家庭教育指导服务的普及工作。例如，1998 年全国妇联和教育部联合发布的《全国家长学校工作指导意见（试行）》提出，到 2000 年要"使 90% 的儿童家长不同程度地掌握保育、教育儿童的知识"。这一时期，家长学校、家庭教育讲座、家庭教育咨询等形式的指导服务逐渐普及，提高了家长的家庭教育素养和能力。同时，随着素质教育改革的推进，家庭被赋予德育建设的主体责任，家庭教育的内涵和外延不断拓展。然而，在这一阶段，家庭教育仍从属于学校教育，被视为学校教育的补充。

（三）规范立法阶段（2010 年至今）

这一时期见证了家庭教育从传统的"家事"逐渐上升到新时代的"国事"，并伴随着一系列法律法规的出台和完善。这些法律的修订和出台，较为明确地规定了父母如何履行职责以及家长的法定责任，同时也对国家机关、学校、社会组织如何推进家庭教育工作提出了明确要求。2016 年，《中华人民共和国反家庭暴力法》明确规定了未成年人的监护人应当以文明的方式进行家庭教育，不得实施家庭暴力，为家庭教育的健康发展提供了法律保障。2022 年 1 月 1 日，我国第一部关于家庭教育的法律《中华人民共和国家庭教育促进法》正式实施。它是我国首次针对家庭教育的专门性立法和权威支持，从法律的高度为家庭教育确立了行为规范、指明了发展方向。这部法律也为国家和社会对家庭教育的指导、支持和服务制定了措施、确立了目标。2023年1月，教育部等十三部门联合印发了《关于健全学校家庭社会协同育人机制的意见》，提出要不断建立健全家庭、学校、社会协同育人机制，共同推动未成年人的健康成长。在实践上，多地人民法院在审理涉未成年人案件时，根据《中华人民共和国家庭教育促进法》的最新相关规定，发出了"家庭教育令"，对怠于履行家庭教育责任的父母或其他监护人进行训诫和责令改正。可见，中国家庭教育的规范立法阶段经历了立法准备、法律地位确立与明晰、法律具体实施与深化的过程。这一过程充分体现了国家对家庭教育的高度重视和积极推动，也为未成年人的健康成长提供了更加坚实的法律保障。

总的来说，改革开放以来，中国家庭教育理念和方式的发展和演变呈现出三个特点：第一，家庭教育理念的变化。随着社会的发展，家庭教育理念逐渐从传统的应试教育向素质教育转变。家长开始更加注重孩子的全面发展，包括认知能力、情感态度、社交技能、身体素质等多方面的培养。第二，家庭教育方式的多样化。信息技术的发展为家庭教育提供了更多的可能性。在线教育、智能教育产品等新型教育方式逐渐普及，使得家庭教育不再受地域和时间的限制。家长也开始尝试运用更多元化的教育手段和方法来教育孩子。第三，家校合作的加强。随着教育改革的深入，家校合作的重要性日益凸显。学校和家庭之间建立了更加紧密的联系和沟通机制，共同为孩子的成长和发展贡献力量。

第二节 新时代家庭教育的责任

家庭教育是家庭成员在共同生活中，通过沟通、指导与支持等方式实现受教育者基础社会化的教育过程。其教育内容不仅仅是生活技能、日常习惯的培养，更是价值观的塑造和情感的培育。教育功能是家庭的固有内涵之一，因为家庭不仅向社会提供了一个"生物人"，更为重要的是要为社会培育一个"社会人"。[①] 从家庭的历史发展来看，其教育功能在工业社会以来长期处于自隐、放任乃至被漠视的状态。但随着人类文明的进步，人们对教育本质意义的理解不断深化，社会发展对家庭提出了更高要求，家庭教育的角色和功能亦在发生质的变化。如何深入认识家庭教育的现代意义与作用，以及深刻理解新时代家庭教育的责任与使命，使家庭教育重新回归教育的本源，是当前必须思考的重要命题。

---

① 邹强：《中国当代家庭教育变迁研究》，天津大学出版社2011年版，第1页。

一、新时代家庭教育的重要性

新时代背景下,家庭教育的关键作用愈发凸显,它不仅是孩子性格与能力的孵化器,也是社会文明与进步的重要推动力量。孩童走向成人世界的过程,就是从以血缘为纽带的紧密型的微观环境迈向陌生疏远型的宏观社会的过程。作为社会最小单位的家庭也势必与其从属的社会环境互动、沟通乃至产生摩擦。由此产生的家庭教育就成了现代社会大教育的重要组成部分,并在人性培养、文明传承和社会进步等方面发挥重要作用。2018年,习近平总书记在全国教育大会上指出,家庭是人生的第一所学校,家长是孩子的第一任老师,要给孩子讲好"人生第一课",帮助孩子扣好人生第一粒扣子。总的来说,家庭教育在孩子成长过程中的重要作用包括以下五个方面。

(一)奠定人生基石

家庭是孩子人生旅程的起点,为孩子的人格塑造、情感培养以及价值观形成奠定了坚实的基础。家庭教育作为个体成长道路上的首站,其影响力深远而持久,犹如精心雕琢的基石,为人生大厦的稳固与辉煌奠定了坚实的基础。它不仅仅是知识的传授,更是品德的塑造、情感的滋养以及价值观的引导,这些元素共同交织成一张无形的网,贯穿于每个人的生命轨迹之中。在温馨的家庭氛围中,父母的一言一行都如同春雨般润物无声,滋养着孩子的心田。他们通过日常生活的点滴,教会孩子如何尊重他人、理解包容、勇敢坚韧。这些品质如同种子般在孩子心中生根发芽,逐渐长成参天大树,为他们未来的社会交往和人生选择提供了坚实的支撑。

(二)激发潜能与兴趣

家庭是孩子最早接触和成长的环境,也是孩子个性形成的重要场所。家长作为孩子的第一任老师,他们的言行举止、教育方式以及家庭氛围都会对孩子产生深远的影响。在家庭教育中,家长可以通过观察孩子的行为和表现,了解孩子的性格特点和兴趣爱好,从而有针对性地对其进行引导和培养。这种个性化的教育方式有助于激发孩子的潜能,让孩子在自己擅长的领域得到更好的发展。父母还可以敏锐地捕捉到孩子的兴趣所在,并通过适当的引导和支持,激发孩子的潜能和创造力。家庭不仅是孩子居住的场所,更是他们探索世界、发现自我的重要平台。

(三)培养社交技能

家庭是孩子学习如何与人相处的重要场所。在家庭中,孩子通过与父母的互动、与兄弟姐妹的相处,学习基本的沟通技巧、情感表达和冲突解决方式。这些经验可以为孩子日后在更广泛的社会环境中与人交往打下坚实的基础。家长通过日常生活中的小事，如分享玩具、轮流做家务等，来教育孩子学会关心他人、理解他人的感受，并培养合作精神。这些品质在孩子的社交过程中至关重要，能够帮助他们更好地与他人建立联系和合作。良好的家庭教育能够教会孩子如何与他人相处，如何表达自己的观点，如何倾听他人的声音。这些社交技能是孩子未来融入社会、建立良好人际关系的基石。通过家庭教育的熏陶，孩子将学会尊重他人、理解差异，从而在多元的社会环境中游刃有余。

（四）强化责任感与自律

家庭教育在塑造个体责任感与自律方面扮演着至关重要的角色。这是因为家庭是孩子最早接触的社会环境，也是他们价值观、行为习惯形成的重要场所。在家庭中，孩子通过观察父母的行为、参与家庭活动、接受父母的指导和教育，逐渐学会如何对自己和他人负责，以及如何管理自己的行为和情绪。首先，家庭教育通过日常互动传递责任感。父母在家庭中承担各种角色和责任，如照顾家人、管理家务、规划未来等，这些行为都在无形中向孩子展示了责任感的重要性。孩子会模仿父母的行为，学习如何履行自己的职责和义务，从而逐渐培养出责任感。其次，家庭教育可以培养孩子的自律能力。自律是自我管理的重要组成部分，它要求个体能够控制自己的欲望和冲动，按照既定的目标和计划行动。在家庭教育中，父母可以通过制定规则、设定目标、监督执行等方式，帮助孩子建立自律的习惯。例如，父母可以要求孩子按时完成作业、整理自己的房间、遵守家庭纪律等，这些都有助于培养孩子的自律能力。

（五）促进社会发展

家庭教育是社会发展的微观基础。家庭教育之所以能够促进社会发展，主要在于它在个体成长和社会稳定中扮演了不可或缺的角色。家庭是孩子最初的社会化环境，父母及家庭成员的言传身教不仅塑造孩子的性格、价值观和行为习惯，还为他们日后参与社会活动奠定坚实的基础。"儿童的发展就是一个从自然人到社会人、文化人的过程。儿童社会化的过程也是儿童接受文化传承的过程，即文化的传承是一种代际传承的过程。"[①] 家庭教育注重培养孩子的道德品质、社会责任感和公民意识，这些品质对于构建一个和谐、有序的社会至关重要。通过家庭教育，孩子们学会尊重他人、理解包容、团结协作，这些社会技能有助于他们在未来的工作和生活中与他人建立良好的关系，共同为社会的进步贡献力量。此外，家庭教育还关注孩子的全面发展，包括智力、体力、情感等多个方面。一个全面发展的人，不仅能够在自己的领域取得卓越成就，还能够为社会的多元化和繁荣做出贡献。这种贡献体现在经济、文化、科技、

---

① 庞丽娟：《文化传承与幼儿教育》，浙江教育出版社2005年版，第536页。

教育等各个领域。

二、新时代家庭教育面临的问题

我国自古以来就十分重视家庭教育，春秋时期的《论语》、战国时期的《学记》以及其他诸子百家经典著作，都包含着非常多的有关家庭教育的内容，直到民国时期仍有一大批教育家对家庭教育予以高度重视。随着现代社会的转型以及家庭规模结构发生重大变化，当代社会对以往的家庭教育提出了诸多质疑，如"中国式家长"就似乎隐喻着蛮横、专制、成绩至上等特征，而传统的"家长制"也不能和新生一代的孩童发展相适应。在新时代的背景下，家庭教育面临着一系列复杂而深刻的问题。

（一）家庭教育观念与方法滞后于时代发展是一个不容忽视的问题

我国具有"家长制"的传统。即把子女视为家庭的"私有财产"，无视子女自主发展和独立思考的期望与权利，以及一切从家长的立场出发，过分束缚孩子的意愿与兴趣，并把家庭教育转换为"家长意识"，同时以所谓"规矩与控制""支配与强迫"等家庭行为模式替代平等、和谐及尊重的家庭关系传统。"棍棒底下出孝子""填鸭式教育"等观念仍在一定程度上影响着家长的教育行为，忽视了孩子的个体差异和全面发展需求。事实上，每个孩子都是独一无二的，他们拥有不同的兴趣、才能和学习节奏。如果家长一味采用严厉惩罚或"填鸭式"的教学方法，可能会扼杀孩子的创造力和探索欲，使他们失去对学习的热情和兴趣。此外，一些父母缺乏科学的教育知识，采用简单粗暴的方式来教育孩子，如体罚、责骂等。这些方式不仅无法达到预期的教育效果，反而可能给孩子带来心理创伤和伤害。

（二）家庭教育的缺失与不平衡也是当前社会的一个痛点

家庭教育在孩子的成长过程中起着至关重要的作用，然而现实中，我们常常面临家庭教育缺失与不平衡的问题。这些问题不仅影响了孩子的健康成长，也对整个社会的发展产生了深远的影响。家庭教育的缺失，主要体现在父母陪伴的缺失上。随着现代生活节奏的加快，许多父母忙于工作，无暇顾及孩子的教育和成长。很多人将孩子交给保姆、老人或学校来照顾，却忽视了亲子关系的建立和维护。这种陪伴的缺失，使得孩子无法从父母那里获得足够的关爱和支持，进而影响他们的情感发展和心理健康。家庭教育的不平衡，还体现在对不同孩子的关注度和教育方式上的差异。在一些家庭中，父母可能更偏爱某个孩子，给予他们更多的关爱和资源，而忽视了其他孩子的需求。这种偏爱不仅会影响被忽视孩子的心理健康和成长，也可能导致家庭内部的矛盾和冲突。另外，一些家庭也可能存在重男轻女、重智轻德等偏见，导致对孩子的教育方式存在偏差和不平衡。同时，城乡之间、不同社会经济地位家庭之间的教育资源分配不均，也加剧了家庭教育的不平衡现象。

（三）新时代家庭教育还面临着价值观引导的挑战

习近平总书记强调："要在家庭中培育和践行社会主义核心价值观，引导家庭成员特别是下一代热爱党、热爱祖国、热爱人民、热爱中华民族。"① 新时代的背景下，家庭教育面临着诸多挑战，其中价值观引导无疑是一个重要且复杂的议题。社会的多元化发展、各种价值观念交织碰撞，如何帮助孩子树立正确的世界观、人生观和价值观，成为家庭教育的重要任务。然而，部分家长自身价值观模糊或存在偏差，难以给予孩子正确的引导和支持。随着社会的快速发展和信息时代的到来，孩子们接触到的价值观日益多元和复杂。他们不仅要面对来自家庭内部的传统价值观念，还要应对外部世界的新潮流、新思想。这种多元化的价值观环境，一方面为孩子们提供了更广阔的视野和更多样的选择，另一方面也给他们带来了困惑和迷茫。如何在众多价值观中做出正确的选择，如何在尊重个性的同时培养社会责任感，这些都是家庭教育需要面对的问题。

三、新时代家庭教育的责任

家庭不仅是构成社会的最基本组织形式，还是培养社会生产力、传承民族文化的主要阵地。② 新时代家庭教育的责任与使命，是随着社会的快速进步和多元发展而日益凸显的。家庭作为孩子成长的第一个课堂，其教育作用无可替代。家庭教育不再仅仅是知识的传授，更是孩子品德塑造、情感培育以及社会适应能力培养的重要载体。

（一）家庭教育的责任在于引导孩子树立正确的价值观

在信息爆炸的今天，孩子接触到的信息纷繁复杂，如何从中筛选出积极、健康的内容，形成正确的世界观、人生观和价值观，是家庭教育的重要任务。家长应以身作则，通过自己的言行举止为孩子树立榜样，同时也要注重与孩子的沟通，了解他们的想法和需求，引导他们做出正确的判断和选择。家庭是孩子的第一所学校，父母则是他们的第一任老师。在家庭中，孩子通过模仿和观察来学习如何行为处事，如何与人相处，如何面对生活中的挑战。因此，父母的教育方式、家庭氛围以及家庭成员之间的互动方式，都会对孩子价值观的形

---

① 习近平：《习近平谈治国理政》（第2卷），外文出版社2017年版，第255页。

② 杨雄、刘程：《关于学校、家庭、社会"三位一体"教育合作的思考》，载《社会科学》2013年第1期，第92–101页。

成产生深远的影响。父母还要关注孩子的成长过程,及时发现问题并进行引导。当孩子遇到困惑或挑战时,父母应该给予积极的支持和帮助,帮助他们分析问题、找到解决问题的方法,并鼓励他们勇敢面对困难。这样不仅可以增强孩子的自信心和自尊心,还可以帮助他们形成积极向上的心态和正确的价值观。

(二)家庭教育的责任在于培养孩子的独立性和自主性

新时代的孩子需要具备独立思考、解决问题的能力,以及自我管理和自我约束的能力。家长应该放手让孩子去尝试和探索,鼓励他们面对困难和挑战,培养他们的自信心和勇气。同时,也要教会孩子如何管理时间、规划生活,为他们未来的独立生活打下坚实的基础。这意味着父母和家庭成员需通过言传身教,引导孩子学会独立思考、自我决策,并在日常生活中逐渐承担起个人责任。这种教育不仅要关注孩子当前的知识和技能获取,更要着眼于使他们未来成为有责任感、有创造力的社会成员。通过鼓励孩子参与家务、制定个人目标、解决问题等实践活动,家庭教育能够激发孩子的内在动力,让他们学会在成长的道路上自信前行。当然,独立性和自主性并不意味着孤立无援,而是能够在与他人合作与交往中保持自我,有效沟通,共同解决问题。因此,家长应鼓励孩子参与集体活动,学会倾听他人意见,尊重不同观点,从而培养出良好的人际关系和团队合作精神。

(三)家庭教育需要关注孩子的情感发展

"以情感陶冶情感是一种教育的艺术。"[①] 情感是孩子成长的重要支撑,良好的家庭氛围和亲子关系能够让孩子感受到温暖和爱,从而促进他们的情感发展。家长应该多关注孩子的情感需求,给予他们足够的关爱和支持,同时也要教会他们如何表达自己的情感和需求,以及如何处理人际关系中的冲突和矛盾。孩子的情感发展不仅影响他们的性格形成、人际关系处理方式,还直接关系到他们的心理健康和未来的社会适应能力。在家庭教育中,家长应该注重与孩子的情感交流,倾听他们的想法和感受,理解他们的情绪变化。当孩子遇到挫折或困难时,家长应给予积极的支持和鼓励,帮助他们建立自信,学会面对和解决问题。此外,家长还应该关注孩子的情感需求,为他们提供足够的关爱和陪伴。在忙碌的生活和工作中,家长应抽出时间陪伴孩子,与他们共同参与各种活动,增进亲子关系。通过共同经历和分享,孩子可以感受到家庭的温暖和支持,才能在健康、积极、向上的环境中茁壮成长。

---

① 张耀灿:《思想政治教育学原理》,华中师范大学出版社1988年版,第217页。

（四）家庭教育要承担起培养孩子的社会责任感和公民意识的重任

在孩子的成长过程中，家庭教育的重要性无可替代。它不仅要关注孩子的学习成绩和个人兴趣，更需肩负起塑造孩子社会责任感和公民意识的重任。家长应当通过日常的点滴，以自身的行为和言语为榜样，引导孩子深入了解社会的运作规律，认识人与人之间的相互依存关系。家庭是孩子了解社会的窗口，父母可以通过讲述真实的生活案例、分享社会新闻等方式，让孩子在轻松的氛围中感知社会的脉搏，理解社会的多元性和复杂性。这样的过程，有助于孩子建立起对社会的初步认知，并激发他们探索社会、参与社会的兴趣。此外，鼓励孩子参与社区服务、公益活动等也是培养其社会责任感和公民意识的有效途径。这些实践活动能够让孩子亲身体验到帮助他人的快乐，感受到自己作为社会一员的责任和使命。在参与过程中，孩子将学会倾听、理解和尊重他人的不同意见和需求，从而培养出更加包容和开放的公民心态。

总之，新时代家庭教育的责任与使命是多方面的、综合性的。家长需要不断更新自己的教育观念和方法，注重与孩子的沟通和交流，关注他们的全面发展和成长需求，为他们的未来奠定坚实的基础。

第三节　家庭教育是红色文化传承的重要平台和途径

家庭是社会的基本单位，也是文化传承的起点。家庭成员，特别是父母，通过日常生活中的言传身教，可以将红色文化蕴含的核心价值观、革命精神和历史传统等传递给下一代。家庭中的红色文化教育通常更为直接、亲切和个性化，能够深入孩子的内心，形成深刻的情感认同和价值观念。通过家庭教育，红色文化得以在家庭成员之间代代相传，从而在社会中广泛传播和弘扬。

一、家庭教育具有鲜明的政治属性和阶级属性

马克思强调："人的本质不是单个人所固有的抽象物，在其现实性上，它是一切社会关系的总和。"[①] 家庭是社会关系的起点和基础，家庭关系和家庭教育反映人的社会存在，而在阶级社会中，其必然具有鲜明的政治属性和阶级属性。恩格斯在《家庭、私有制和国家的起源》中提出："随着生产资料转归公有，个体家庭就不再是社会的经济单位了。私人的家务变为社会的事业。孩

---

① 中共中央马克思恩格斯列宁斯大林著作编译局：《马克思恩格斯文集》（第一卷），人民出版社2009年版，第505页。

子的抚养和教育成为公共的事情。"① 家庭的这一重要属性，使家庭教育不仅仅在于衣食住行等基本生活技能的获取，还必然承担着政治社会化的功能，即使家庭成员融入社会政治生活，以塑造其社会存在。

家庭教育不仅仅是私人领域内的事务，它还与国家政治生活紧密相连，具有明显的政治属性。首先，家庭教育是国家政治社会化过程的一个重要组成部分。家庭作为社会的基本单位，通过教育传递社会的价值观、道德规范和政治理念，为孩子将来成为社会的合格公民打下基础。其次，家庭教育的政治属性体现在家庭对子女进行政治意识、社会责任感和公民道德等方面的教育上。家庭作为社会的基本单位，承担着向下一代传递社会价值观念、政治信仰和道德规范的重要职责。再次，家庭教育在一定程度上反映了国家的政治文化。家庭成员之间的互动、家庭的教育方式和内容，都会受到国家政治文化的影响，从而在家庭内部形成特定的政治氛围。最后，家庭教育在塑造国家未来政治力量方面具有重要作用。通过家庭教育，下一代可以学习到关于国家治理、公民责任和政治参与的知识和技能，为他们将来在政治生活中扮演合适的角色做好准备。

家庭教育的阶级属性体现在家庭的教育观念、方法、内容以及所期望达到的教育目标上，它们往往与家庭所处的社会阶层、文化背景和政治环境紧密相连。不同社会阶层的家庭在教育资源的获取、教育方式的采用以及教育目标的设定上往往存在显著差异。例如，经济条件较好的家庭可能更倾向于为子女提供多样化的教育资源，包括优质的学校、丰富的课外活动和专业的辅导等，以培养其全面发展的能力。而经济条件相对较差的家庭则可能更加关注子女的基本教育需求，如完成基础教育、掌握基本的生活技能等。

二、家庭教育是红色文化传承的基础和关键

家庭教育作为人类社会长期沿袭的教育方式，对于文明的持续进步和文化的传承起到了关键作用。它通过家庭这个基本社会单位，将知识、道德和行为规范传递给下一代，为孩子提供了理解社会和与人交往的基础。家庭教育的重要性在于，它为孩子们提供了一个稳定的成长环境，有助于他们形成正确的认知和社会责任感。红色文化传承是指通过教育与再教育的过程，使红色精神不断地延续和发展下去，一代代青少年依照红色精神的价值取向和行为准则去接受、认同和继承红色文化。

---

① 中共中央马克思恩格斯列宁斯大林著作编译局：《马克思恩格斯文集》（第四卷），人民出版社2009年版，第88页。

（一）家庭教育是红色文化传承的重要载体

与西方注重个人与团体生活的"个人本位"社会不同，中国家庭呈现出"伦理本位"的社会结构。这种始于家庭亲子血缘关系的伦理，涵盖了整个社会人际关系，并体现在对社会生产力、传统文化、道德文明的传承上。家庭教育是结合家庭日常生活开展的教育，是塑造个体价值观的原始起点，也是个体传承红色文化的主要方式和载体空间。通过家庭教育，让孩子了解幸福生活的来之不易，实现红色文化的代际传承，确保来之不易的江山不变色，维系整个社会运行秩序的连续和稳定。

红色文化的传承一定离不开家庭。首先从社会学的角度分析，家庭是构成人类社会的最基本单位。家庭的社会功能有家庭经济职能、家庭教育职能、家庭保证职能等，这些社会功能是与家庭成员实现个体社会化这一过程相辅相成的。可以说，家庭教育是任何个体社会化的起点，也是个体学习红色文化知识的起点。其次，从哲学的角度分析，在人与人之间的所有关系中，"血缘关系是一种最为根本的人际关系，而亲子关系则是这种基于血缘关系的一种爱的本能体现"[①]。因此，家庭教育作为红色文化传承的载体，在红色文化传承过程中的作用非常突出。

（二）家庭教育的过程蕴含着红色文化传承的过程

家庭教育的过程不仅关乎孩子的品德、知识和能力的培养，更蕴含了丰富的文化传承，特别是红色文化的传承。红色文化作为中国革命历史的重要组成部分，承载着中国共产党领导人民进行革命、建设和改革的伟大历程，蕴含着丰富的革命精神和优良传统。这些精神和传统，如爱国主义精神、集体主义精神、艰苦奋斗精神等，都是家庭教育中不可或缺的重要内容。

在家庭教育中，父母或长辈通过言传身教、故事讲述、共同参与活动等方式，将红色文化的精髓传递给下一代。例如，通过讲述革命先烈的英勇事迹，让孩子了解那些为了国家和民族独立、自由、富强而付出巨大牺牲的英雄人物；带孩子参观革命遗址、纪念馆等场所，让孩子亲身感受历史的厚重和革命精神的伟大；引导孩子参与志愿服务、社会实践等活动，让孩子在实践中体验和传承红色文化。

从这个意义上来说，家庭教育的过程就是红色文化传承的过程。在这个过程中，孩子们不仅能够学习到丰富的历史知识，更能够深刻领悟到红色文化的精神内涵，从而培养他们的爱国情怀、社会责任感和正确的人生观、价值观。这种传承不仅有助于孩子个人的成长和发展，更能够为国家和民族的未来奠定

[①] 张进峰：《家庭教育重要性的哲学新论》，载《教育理论与实践》2005年第1期，第52-57页。

坚实的思想基础。

三、家庭教育在传承红色文化中的固有优势

家庭是社会的基本单位，也是文化传承的重要场所。家庭教育在传承红色文化方面具有显著的优势，这些优势主要体现在以下三个方面。

（一）潜移默化的影响

家庭教育具有长期性和潜移默化的特点。父母作为孩子的第一任老师，他们的言行举止、价值观念都会对孩子产生深远的影响。与强调模式化和规范化的学校教育的要求不同，家庭教育不局限于特定的场所与时间，其教育形式更加多样，家长的一言一行时时刻刻都在影响和教育着孩子。个体在出生后最早接受的教育正是家庭教育，在还未能接受学校教育和社会教育时，孩子已经从家庭教育中获得了大量的认知内容，包括生活、学习、人际交往等各种细节，涵盖德智体美劳等多个方面。家庭教育的内容也更加关注延续性和传承性，我国自古以来广为流传的各种家风家训，正是家庭教育具备延续性和传承性的重要经验证明。习近平总书记也多次指出，家风家训是一个家庭最宝贵的财富，是留给子孙后代最好的遗产。在家庭环境中，家长可以通过日常生活中的言传身教，将红色文化的核心价值观和革命精神潜移默化地传递给下一代。这种教育方式更加自然、亲切，易于被孩子接受。通过家庭教育传承红色文化，孩子可以在日常生活中不断接触和感受红色精神，从而在内心深处产生共鸣和认同。

（二）情感共鸣的强化

比起其他教育者，作为"家庭教师"的父母，在教育身份上更具有亲和性和权威性。家庭是以血缘和抚养关系为基础，以情感为纽带的社会单元。在长期共同生活的过程中，父母不仅是孩子的抚养者，也是孩子的教育者。一方面，父母对孩子的关心、爱护造就了孩子对父母最为真挚的情感，这种亲情很难被其他感情所替代；另一方面，由于血亲和抚养关系的存在，父母在子女面前更具有权威性，其教导更容易被孩子所倾听和接纳。这种权威性表现在父母对子女的榜样示范作用。美国心理学家班杜拉用"玩偶实验"证明了子女对于父母行为的模仿是天性使然，并不需要任何的刺激作用。班杜拉强调，由于教育身份的权威性，父母更应该注意在家庭环境中自身言行对子女的影响。家庭是情感的港湾，家庭成员之间的亲密关系使得红色文化的传承更加具有情感共鸣。这种情感共鸣能够增强孩子对红色文化的认同感和归属感，从而更加积极地参与到红色文化的传承中来。

（三）个性化教育的实施

家庭教育具有个性化教育的特点。在教育对策方面，父母对孩子具有充分

的认知,能精准把握其优势和不足。当前的学校教育,往往将有限的精力着重放在解决学生的共性问题上,无法照顾到每个孩子的个性问题。而具有个别化教育之独特优势的家庭教育,却能够很好地弥补学校教育在这一问题上的不足。正所谓"知子莫如父,知女莫如母",在家庭这一私密性的教育空间中,孩子的思想观念和行为习惯表现得最为真实。父母在每天与子女接触的过程中,能够及时察觉孩子行为和心理的变化,当发现不良行为时,也能够及时纠偏,将存在的问题和不良行为消除在萌芽状态。父母还能根据自家子女的个性特征和实际情况,例如根据孩子的性格、兴趣等特点,量身定制红色文化传承的方案。例如,对于喜欢阅读的孩子,父母可以推荐红色题材的书籍;对于喜欢音乐的孩子,父母可以播放红色歌曲等。这种个性化的教育方式能够让孩子在轻松愉快的氛围中接受红色文化的熏陶。

四、家庭教育传承红色文化的目标体系

目标体系是指一系列明确、具体、可衡量的目标,它们共同构成了一个组织、项目或个人的愿景和使命。在家庭教育中传承红色文化除需要实现党史知识传递的目标外,更肩负了塑造家庭价值观、培育政治认同等价值目标。

(一)传递党史记忆

红色文化是见证中国共产党成长发展和中华民族寻求民族解放、实现伟大复兴进程的历史记忆。它产生于中国实现民族独立的腥风血雨下,发展于实现社会主义现代化建设的筚路蓝缕中。其主体是革命斗争时期形成的精神及其载体,集中反映了革命战争年代血与火的那段历程,具有历史的久远性特点。这一特征决定了红色文化与当今青少年生活和学习的实际情况存在着比较远的距离,这也正是"红色文化过时论""红色文化无用论"等错误观念产生的原因。[①] 在这种背景下,亟须父母通过家庭教育的方式来把这段光辉的红色记忆传递下去。

那么,如何在家庭教育中传递这段红色记忆呢?第一,通过"言传"传递红色记忆。言传主要是父母以语言为主要教育媒介,通过讲授、谈话、讨论等形式向孩子讲述红色故事,传授红色知识,展现中国共产党人于危难之际救国救民、实现民族独立的精神,帮助孩子建立起对红色文化的认知和理解。父母的言谈举止中,透露出对传承红色文化的态度、对道德的理解和对未来的期待,这些都会深深烙印在孩子的心中,成为他们成长道路上的指引,激发他们的爱国情和强国志。第二,通过"身教"传递红色记忆。身教主要是父母通

---

① 朱小理、杨宇光、胡松:《关于红色资源转化为教育教学资源必然性的思考》,载《学校党建与思想教育》2009年第31期,第42-43页。

过身体的行为示范,将相应的价值观念与行为标准传递给子女。著名的精神分析学家阿德勒认为,模仿是人的一个重要的心理特点,更是个体在学习过程中的重要手段。父母是青少年最亲密、最信赖的人,父母的行为举止会在潜移默化中影响着青少年的成长轨迹。例如,父母爱党爱国的情怀、对待工作的认真态度、勇于奉献的优良品质等,都会成为青少年模仿的榜样。青少年会在耳濡目染中,逐渐将这些品质内化为自己的行为准则,自觉传承红色文化。

(二)塑造家庭价值观

家庭是群体生活的基本单元,是孩子成长的背景和底色,人类的文明进步从家庭开启。习近平指出:"家风是一个家庭的精神内核,也是一个社会的价值缩影。"[1] 家风是家庭文化的标志,其核心就是家庭价值观。所谓家庭价值观是指家庭成员在日常生活中共同遵循和秉持的信仰、道德准则和行为规范,是评价家庭运作意义以及衡量理想家庭的关键指标。家庭价值观是家庭生活的基石和精神内核,它影响着家庭成员的行为和态度,塑造着家庭的文化氛围。

在家庭教育中传承红色文化的过程就是不断塑造家庭价值观的过程。一是塑造家庭的国家观。马克思主义国家观强调爱国主义的重要性,认为热爱伟大祖国是每一个公民的基本责任。通过家庭教育中的红色文化传承,孩子能够明白近代以来中国人民在寻求国家独立过程中所付出的艰辛,理解红色国家政权建立的来之不易,进而树立为国家、民族的崛起而努力读书的远大志向。二是塑造家庭的爱党观。红色文化源于党"为中国人民谋幸福、为中华民族谋复兴"的初心和使命,是中国共产党的优良传统、革命道德、思想路线以及先进本质的集中体现。通过在家庭中的红色文化传承教育,让青少年了解中国共产党带领中国人民浴血奋战、艰苦创业的历史,可以激发起他们爱党爱国的朴素感情,在思想上坚持党的领导,在行为上积极向团组织、党组织靠拢。三是塑造家庭的人民观。历史唯物主义强调历史是人民创造的。人民群众是中华人民共和国成立、改革开放、新时代建设等一系列中国历史巨变的缔造者。红色文化充分体现着中国人民不怕困难、敢于奋斗和不畏牺牲的价值追求,是中华儿女勇立潮头的"精神密码",能够引导青少年投入到新时代为人民服务的伟大事业中去。四是塑造家庭的奉献观。从职业层面来看,奉献观表现为对职业的热爱、投入和专注,以及对工作的高度责任心和敬业精神。在社会层面,奉献观体现为一种对社会的责任感和使命感。如司马光所言:"凡为家长,必谨守礼法,以御群子弟及家众。"[2] 父母应率先垂范、以身作则,爱岗敬业,勇

---

[1] 习近平:《习近平同全国妇联新一届领导班子成员集体谈话时强调:坚持男女平等基本国策 发挥我国妇女伟大作用》,载《人民日报》2013年11月1日第1版。

[2] 赵忠心:《中国家庭教育五千年》,中国法制出版社2003年版,第213页。

于奉献。传承红色文化，就是要在新时代弘扬好这些优良传统和作风，鼓励青少年为社会、为他人、为集体多做贡献，追求更高的精神境界和社会价值。

（三）培育政治认同

美国政治学家罗森堡姆把政治认同看作对政治单位、地理单位和团体的情感归属。[①] 我们认为，政治认同是一个复杂且多维度的概念，它涉及个体对政治制度、价值观念和政策目标的接受和认可等。政治认同的形成是一个长期且动态的过程，它受到多种因素的影响，包括个体的家庭背景、教育情况、政治经历等。政治认同是政治稳定的基础，也是经济发展的重要前提。当前我国正处在转型发展的关键时期，面临着多方面的挑战和机遇，加强政治认同建设显得尤为重要。

培育政治认同是在家庭教育中传承红色文化的最终落脚点。红色文化作为中国共产党人的精神内核和中华民族的精神纽带，包含了政党、政权、国家、民族、政府、人民等大量政治信息，蕴含着丰富的革命历史和优良传统，是培育政治认同的重要资源和载体。这些政治信息是青少年构建政治认同的认知基础和培养青少年政治认同的核心要素。在家庭教育中传承红色文化，首先，有助于增强青少年的政治认同感。红色文化所蕴含的革命精神、英雄事迹和爱国情感，能够激发青少年的爱国热情和民族自豪感，更加坚定地走中国特色社会主义道路，更加自觉地维护国家统一和民族团结。其次，有助于深化青少年对政治理论的理解和认识。通过学习和了解红色文化所承载的革命理论和历史经验，青少年能够更加深入地理解中国特色社会主义的本质和内涵，更加清晰地认识到中国共产党在领导国家建设和改革中所发挥的重要作用，从而增强对政治理论的认同感和信仰。最后，有助于培育青少年的政治责任感和使命感。红色文化所代表的革命精神和英雄事迹，能够激励青少年勇担时代重任，积极投身到国家建设和社会发展中来，为实现中华民族伟大复兴的中国梦而努力奋斗。总的来说，在家庭教育中传承红色文化就是要将这些形成政治认同的内容和因素不断阐释、强调与灌输，让青少年认可中国共产党领导的革命和建设事业，赞同红色文化中蕴含的伟大革命精神和伟大建党精神。这些情感都将不断增强青少年对党的政治主张与国家发展模式的高度肯定，从而不断铸牢政治认同。

---

① 罗森邦：《政治文化》，陈鸿瑜译，桂冠图书有限公司1984年版，第6页。

第三章　传承红色文化是家庭教育的主要内容和灵魂

红色文化是具有显著中国特色的文化，是革命文化的重要组成部分，是建设中国社会主义先进文化的历史前提。红色文化蕴含着丰富的革命精神和爱国情怀，是中华民族宝贵的精神财富。它不仅仅是一种历史记忆和文化传承，更是一种精神的滋养和道德的引领。红色文化是家庭教育的核心和灵魂，传承红色文化是家庭教育的主要内容和目标。

第一节　红色文化的内涵和内核

在实现民族独立、国家富强、人民幸福的征程中，红色文化"已经深深融入中华民族的血脉和灵魂，成为社会主义核心价值观的丰富滋养，成为鼓舞和激励中国人民不断攻坚克难、从胜利走向胜利的强大精神动力"[1]。它以强大的理论说服力、文化影响力和实践感召力规定了我们在新的历史起点上保持什么样的精神状态、担负什么样的历史使命、实现什么样的奋斗目标。

一、红色文化的内涵

红色文化作为一种具有深厚历史底蕴和独特精神内涵的文化形态，其内涵可以从多个维度进行阐述。

（一）广义与狭义理解

从广义上来看，红色文化是指世界社会主义运动历史进程中人们的物质和精神力量所达到的程度、方式和成果。它不仅包括中国共产党领导下的革命文化，还涵盖了世界范围内社会主义和共产主义运动中所形成的各种文化形态。这种理解方式将红色文化置于一个更为广阔的历史和国际视野之中。

从狭义上来说，红色文化特指中国共产党在领导中国人民实现民族解放与自由以及建设社会主义现代化中国的历史实践过程中凝结而成的观念意识形态。这种理解方式更侧重于中国共产党及其领导下的革命斗争和社会主义建设实践，是红色文化最为核心和本质的部分。

---

[1] 习近平：《在纪念红军长征胜利80周年大会上的讲话》，载《人民日报》2016年10月22日第1版。

（二）具体内涵特征

1. 政治性

红色文化最显著的特征是其政治性。作为中国共产党领导下的革命文化，红色文化天然地具有无产阶级的阶级属性和革命属性。红色文化以马克思主义理论为指导，以实现共产主义为最高理想和价值目标，体现了中国共产党的政治理想、政治意志和政治主张。习近平总书记指出："坚定理想信念，坚守共产党人精神追求，始终是共产党人安身立命的根本。"① 这里的理想信念指的就是对马克思主义理论、中国特色社会主义与共产主义的坚定信仰。首先，红色文化是政治理想的体现。红色文化直接反映了中国共产党及其领导的广大人民群众的政治理想和政治追求，是中国共产党政治纲领、路线、方针、政策在文化形态上的表现。其次，红色文化有政治导向的作用。它通过对革命历史、革命精神的传承和弘扬，引导人们树立正确的世界观、人生观和价值观，坚定共产主义信念和中国特色社会主义道路自信、理论自信、制度自信、文化自信，维护社会稳定、促进国家发展。再次，红色文化还是一种重要的政治教育资源。通过红色文化的传播和教育，可以加强人们的爱国主义教育、集体主义教育和社会主义教育，提高人们的政治觉悟和思想素质，培养具有爱国情怀、社会责任感和时代担当精神的公民。最后，红色文化具有强大的政治感染力。它通过生动的历史故事、感人的英雄事迹和丰富的文化形式，激发人们的爱国热情和民族自豪感，增强人们的凝聚力和向心力，团结全党全国人民共同为实现中华民族伟大复兴的中国梦而努力奋斗。

2. 科学性

红色文化是科学的理论，它以马克思主义科学理论为指导，坚持实事求是的理论品质。红色文化在科学理论的指导下，正确揭示了中国革命斗争和社会主义建设的客观规律，具有先进性和前瞻性。第一，红色文化坚持以马克思主义为指导，这是其科学性的重要基础。列宁曾指出："只有以先进理论为指南的党，才能实现先进战士的作用。"② 马克思主义作为科学的理论体系，为红色文化提供了坚实的理论基础和指导思想。红色文化在发展过程中，始终坚持马克思主义的基本原理和立场观点，确保其在理论和实践上的科学性。第二，红色文化具有实事求是的理论品质。它强调从实际出发，尊重客观规律，反对主观臆断和盲目行动。在革命实践中，中国共产党人始终坚持实事求是的原则，不断探索适合中国国情的革命道路和策略。这种实事求是的精神不仅推动了革命事业的胜利，也确保了红色文化的科学性。第三，红色文化坚持理论联

---

① 习近平：《习近平谈治国理政》（第1卷），外文出版社2018年版，第15页。
② ［苏］列宁：《列宁选集》（第1卷），人民出版社2012年版，第312页。

系实践的科学精神。红色文化理论来源于实践并指导实践,同时又在实践中不断得到检验和发展。在革命、建设、改革的不同时期,中国共产党人都能够根据实际情况制定正确的理论和路线方针政策,并通过实践来检验和发展红色理论。第四,红色文化具有与时俱进的理论品质,它能够随着时代的变化和社会的进步而不断发展和完善。在新的历史时期,红色文化不断融入新的时代元素和内涵,形成了具有鲜明时代特征的先进文化形态。这种与时俱进的精神不仅保持了红色文化的生机与活力,也确保了其在当代社会中的科学性和引领性。

3. 人民性

红色文化的人民性是其最为鲜明的特征之一,它深刻体现了中国共产党人的价值追求和道德属性。人民性,顾名思义,是指文化或事业反映人民大众的思想、感情、愿望和利益的一种特性。红色文化不是凭空产生的,而是在党和人民群众的革命斗争、社会主义建设和改革开放的伟大实践中逐步形成和发展的。这种深厚的实践根基,使红色文化具有了鲜明的人民性。"中国共产党的成立依靠的是人民,中国共产党的发展壮大依靠的还是人民,中国共产党事业发展的成果则是由人民一起分享。"[①] 正因为中国共产党确立了全心全意为人民服务的宗旨,始终保持与人民群众的血肉联系,才能夯实群众基础,在前进的道路上行稳致远。红色文化的思想内容和表现形式都是人民群众实践活动的真实反映,离不开人民群众的主体创造性和集体智慧。红色文化还体现了中国共产党为中国人民谋幸福、为中华民族谋复兴的初心和使命。这种价值追求与党的初心使命高度一致,彰显了红色文化的人民性本质。红色文化的服务对象始终是广大人民群众。一方面,红色文化依靠人民。红色文化的产生和发展离不开人民群众的参与和创造。正是人民群众在党领导下进行的实践与创造,才造就了丰富多彩的红色文化。另一方面,红色文化为了人民。红色文化的价值取向始终是为了人民。它以满足人民的精神文化需求为出发点和落脚点,致力于提升人民的思想道德素质和科学文化素质。可以说,红色文化以其独特的魅力和价值追求,深入人心、影响深远。它已经成为激励广大人民群众为实现中华民族伟大复兴而努力奋斗的强大精神动力。红色文化的人民性特征,有助于巩固党的执政基础。通过弘扬红色文化,可以增强人民群众对党的认同感和归属感,从而更加紧密地团结在党的周围。

4. 革命性

革命性作为红色文化的重要特征,主要体现在对旧有制度的彻底否定和对新制度的勇敢探索上。它不仅是共产党人道德的天然属性,也是中国共产党领导人民进行革命斗争的必然结果。革命性强调打破束缚、推动进步,既包括对

---

① 邓纯东:《论不忘初心牢记使命的三重逻辑》,载《湖湘论坛》2019年第6期,第31–38页。

政治、经济、社会等各个领域的深刻变革，也包括对人们思想观念、价值取向的革新。红色文化是革命斗争的产物，它蕴含着丰富的革命精神和深厚的历史文化内涵，深刻体现了中国共产党领导人民在革命斗争中形成的精神风貌和价值追求。具体来说，第一，红色文化的革命性体现在对马克思主义的坚定信仰和对中国特色社会主义的坚定信念上。这种信仰和信念是共产党人进行革命斗争的精神支柱，激励着他们为了共产主义理想而努力奋斗。第二，红色文化的革命性体现在艰苦卓绝的斗争精神上。在革命斗争中，中国共产党领导人民进行了艰苦卓绝的斗争，展现了不屈不挠、勇往直前的革命精神。这种精神是红色文化革命性的生动体现，也是激励后人不断前进的重要动力。第三，红色文化的革命性体现在对旧制度的深刻批判和彻底否定上。无论是封建主义、帝国主义还是官僚资本主义，都是阻碍社会进步、人民幸福的绊脚石。通过革命斗争，中国共产党领导人民推翻了这些旧制度，建立了新中国。第四，红色文化的革命性体现在对新制度的勇敢探索上。在推翻旧制度的同时，中国共产党还勇敢地探索新的社会制度和政治制度，即通过结合中国国情和时代特征，创造性地提出了具有中国特色的社会主义道路和理论体系。这种探索精神也是红色文化革命性的重要体现。

5. 时代性

红色文化具有与时俱进的品质。在不同的历史阶段和社会背景下，红色文化都能够进行自我调适和更新，以适应时代发展的需要。红色文化是在革命战争年代，由中国共产党人、先进分子和人民群众共同创造的极具中国特色的先进文化。马克思指出："共产党人为工人阶级的最近的目的和利益而奋斗，但是他们在当前的运动中同时代表运动的未来。"[①] 从中国共产党成立之初的艰辛探索，到抗日战争、解放战争的烽火岁月，再到新中国成立后的社会主义建设和改革开放新时期，红色文化始终贯穿其中，成为引领中国人民前进的精神旗帜。红色文化作为一种独特的文化形态，其根源深深扎根于中国传统文化的沃土之中。它继承了中国传统文化的优秀成分，如爱国主义、集体主义、自强不息等精神，同时摒弃了其中的糟粕，实现了文化的扬弃与创新。这种文化根源使得红色文化具有鲜明的民族特色，成为中华民族文化宝库中的瑰宝。红色文化在保持其传统精髓的同时，也展现出与时俱进的创新性。随着时代的变迁和社会的发展，红色文化不断吸收新的思想元素和文化成果，不断丰富和发展自己的内涵和外延。例如，在新时代的背景下，红色文化积极融入互联网、大数据等现代科技手段，创新传播方式和表现形式，使红色文化更加贴近人民群

---

① 中共中央马克思恩格斯列宁斯大林著作编译局：《马克思恩格斯文集》（第2卷），人民出版社2009年版，第65页。

众的生活实际和时代需求。

二、红色文化的内核

红色文化的内核即红色精神,是中国共产党领导中国人民在革命、建设、改革各个时期所形成的伟大革命精神。这种精神已经深深融入中华民族的血脉和灵魂,成为鼓舞和激励中国人民攻坚克难、不断前进的强大精神动力。传承红色文化对于培育和弘扬爱国主义精神、凝聚民族力量,具有重要而深远的意义。

(一)红色精神的核心要素

1. 爱国主义

爱国主义是红色精神的核心,它体现在中国人民对祖国的深厚感情和为实现民族独立、国家富强而不懈奋斗的精神追求上。习近平总书记指出:"在社会主义核心价值观中,最深层、最根本、最永恒的是爱国主义。"[1]

2. 艰苦奋斗

无论是在革命战争年代还是在和平建设时期,中国共产党和中国人民都始终保持着艰苦奋斗的优良传统。这种精神体现在克服一切困难、勇往直前的坚定信念和实际行动中。

3. 团结协作

红色精神强调团结协作的重要性。在革命战争中,军民团结、官兵团结是战胜一切敌人的重要法宝;在和平建设时期,全国人民心往一处想、劲往一处使,共同为国家的繁荣富强贡献力量。

4. 勇于开拓

红色精神还体现在勇于开拓、敢于创新上。中国共产党在领导中国人民进行革命、建设和改革的过程中,始终保持着开拓进取的精神状态,不断开创事业发展的新局面。

(二)红色精神在不同历史阶段的表现

红色文化荷载着中国共产党的核心精神要素,从新民主主义革命时期、社会主义革命和建设时期到改革开放和中国特色社会主义建设时期的三个阶段,中国共产党主要精神谱系一脉相承。近年来,习近平在不断走访革命圣地的过程中,对中国共产党的革命精神谱系做过许多精辟的阐述,指出这些精神"是党和国家的宝贵精神财富,要不断结合新的时代条件发扬光大"[2]。

---

[1] 习近平:《习近平在中共中央政治局第二十九次集体学习时强调:大力弘扬伟大爱国主义精神为实现中国梦提供精神支柱》,载《人民日报》2015年12月31日第1版。
[2] 中共中央党史和文献研究院:《论党的宣传思想工作》,中央文献出版社2020年版,第15页。

1. 新民主主义革命时期的红色精神

新民主主义革命时期指从 1919 年五四运动到 1949 年新中国成立这段时期，其间经过了大革命时期、土地革命时期、抗日战争时期和解放战争时期。在新民主主义革命时期，无数爱国青年为了拯救民族危亡、捍卫民族尊严、凝聚民族力量，自强不息、前仆后继、勇于探索。从李大钊的"你们把我绞死，但只要我的灵魂不死，革命不死"，到夏明翰的"砍头不要紧，只要主义真"，再到方志敏的"敌人只能砍下我们的头颅，决不能动摇我们的信仰"……这些视死如归的壮烈誓言，生动表达了中国共产党人对理想的坚贞。他们勇敢追求救国强国的真理，各族各界群众纷纷响应和积极参与，共同推动了中国社会的进步和变革，也促进了马克思主义在中国的传播。

新民主主义革命时期的红色精神是中国共产党在领导人民进行异常艰辛的救亡图存斗争过程中形成的宝贵精神财富。这一时期的红色精神，凝结着崇高的信仰、坚定的报国之情和浴血奋斗的精神。它围绕着"革命"这一核心，初步形成了党的红色精神谱系。主要有五四精神、建党精神、红船精神、井冈山精神、古田会议精神、苏区精神、长征精神、遵义会议精神、南泥湾精神、延安精神、抗战精神、太行精神、沂蒙精神、西柏坡精神、红岩精神等。为中国人民谋幸福、为中华民族谋复兴是革命的初心与使命，不怕牺牲、英勇斗争是革命成功的保障，这些都是红色文化最本质、最核心的内涵。一系列以地域名称为标志的红色精神，是中国共产党革命足迹的见证，也是红色文化根植于祖国大地、流播于人民群众中间的历史证明。

2. 社会主义革命和建设时期的红色精神

社会主义革命和建设时期的红色精神是指 1949—1978 年这个阶段，主要体现在以爱国主义为核心的伟大民族精神以及在此基础上形成的一系列具体精神上。这些精神在中国共产党领导中国人民进行社会主义革命和建设的各个历史时期都发挥了重要作用，是鼓舞和激励中国人民不断前进的强大精神动力。例如，西柏坡精神中的"谦虚谨慎、戒骄戒躁、艰苦奋斗"反映了中国共产党在即将取得全国政权时的清醒和自律；北大荒精神代表了在开发边疆、建设边疆过程中艰苦奋斗、勇于开拓的精神；"两弹一星"精神中的"自力更生、艰苦奋斗、勇攀科学高峰"则展示了新中国科技人员在面对西方技术封锁时自主创新、奋发图强的决心和精神。这些红色精神都是社会主义建设过程中的重要精神财富，它们不仅激励着中国人民为了国家的繁荣富强而努力奋斗，也为我们今天的社会发展和个人成长提供了宝贵的精神资源和道德支撑。

3. 改革开放和中国特色社会主义建设时期的红色精神

改革开放和中国特色社会主义建设时期的红色精神，时间上是指 1978 年至今 40 多年这个阶段，内容上体现在中国共产党人在这一历史阶段所展现出的坚定信念、勇于创新、艰苦奋斗、无私奉献等宝贵品质。这段时期中国共产党人秉持着"江山就是人民、人民就是江山"①的理念，领导中国人民不断探索和实践，勇于突破旧有的思维定式和制度束缚，以开拓创新的精神推动中国特色社会主义事业的发展。因为只有通过改革才能推动社会的发展和进步，才能实现国家的富强和人民的幸福。在这一过程中，许多地区和人民敢于突破传统观念，勇于尝试新的经济模式和发展道路，形成了敢为人先的开拓精神；还有很多人凭借着坚定的信念和顽强的毅力，艰苦创业，为国家的繁荣富强做出了巨大贡献，形成了艰苦奋斗的创业精神；还有很多人在工作中无私奉献，为了国家和人民的利益不惜牺牲个人利益，形成了爱国为民的奉献精神。同时，这一时期的红色精神也体现在党员干部的廉洁奉公、勤政为民等方面。他们时刻牢记为人民服务的宗旨，始终保持清正廉洁的作风，把人民群众的利益放在首位，努力为人民谋福利、解难题，赢得了人民群众的广泛赞誉和拥护。

第二节 红色文化的形成和价值

红色文化的形成是社会历史发展的必然结果。红色文化的形成过程就是红色文化对人的思想和行为的塑造过程，同时也是社会中的人对红色文化的内化和认同过程。在实践中，传承红色文化就是要坚定人们的理想信念，强化人们的责任担当、培育人们的优良品质、激发人们的人民情怀。②

一、红色文化形成的历史必然性

作为一种社会历史现象，文化是不会孤立地产生、存在和发展的。红色文化的形成也不是偶然的，而是有其历史必然性。其历史必然性主要表现在三个方面：存在滋生红色文化的土壤，即近代中国半殖民地半封建社会的国情，正是这种国情激发了中国人民爱国主义精神的觉醒；为了挽救中华民族于危亡，红色革命精神得到凸显，成为红色文化形成和发展的动力源泉；俄国十月革命的胜利为中国送来了马克思主义，满足了当时中国革命的需要，马克思主义为红色文化引领了正确的发展方向，成为红色文化的理论基石。

（一）红色文化形成的国情背景：中国半殖民地半封建的社会状况

红色文化作为中国革命历程中的重要产物，其形成有着深刻的国情背景，

---

① 习近平：《在庆祝中国共产党成立100周年大会上的讲话》，人民出版社2021年版，第11页。
② 邓艳君：《红色基因融入课程思政建设的三重路向》，载《思想教育研究》2021年第2期，第111－115页。

即中国半殖民地半封建的社会状况。这一社会状况的形成，是内外因素交织作用的结果，为红色文化的萌芽和繁衍提供了土壤。

内部因素：第一，封建社会的长期存在。中国长期处于封建社会形态，形成了强大的自然经济。自给自足的自然经济形态下，人们对世界形势缺乏足够了解，普遍存在以中国为中心的心态，排斥外来文化。这种封闭性和排他性，使得中国社会在面对外来侵略时显得尤为脆弱。第二，社会生产力的迟滞。长期的封建社会使得中国社会生产力的发展严重滞后于资本主义国家。在自然经济占据绝对优势的情况下，刚刚萌芽的资本主义受到当时中国社会意识形态的制约，难以得到充分发展。这种经济上的落后，进一步削弱了中国的国际竞争力。第三，政治腐败与军备废弛。清王朝在晚期对内实行君主专制统治，政治上的腐败和军事上的虚弱使得中国在面对外来侵略时无法有效抵抗，从而加速了半殖民地半封建社会的形成。

外部因素：第一，西方列强的侵略扩张。19世纪中叶后，西方一些国家相继完成了资产阶级革命和工业革命，迅速强大起来并成为全球范围内的强国。为了谋求更大利益，这些国家加紧了对中国的侵略扩张和掠夺。鸦片战争等一系列战争的爆发，使中国逐渐丧失了独立自主的地位，开始沦为半殖民地半封建社会。第二，不平等条约的签订。在列强的侵略下，清政府被迫签订了一系列不平等条约，如《南京条约》《辛丑条约》等。这些条约的签订不仅使中国的领土、领海、司法、关税和贸易等主权遭到严重破坏，还使中国在经济上日益被卷入资本主义世界市场，成为外国侵略者的商品销售市场和原料掠夺地。

在上述内外因素的共同作用下，中国社会陷入了深重的危机。然而，正是在这种危机四伏的境地中，中国人民的民族意识和民主意识开始觉醒。中国社会各种政治力量及仁人志士为了挽救民族危难，实现国家富强，进行了前仆后继的英勇斗争。但无论是太平天国运动、洋务运动、戊戌变法，还是辛亥革命，都以失败而告终。1921年，中国共产党应运而生，成为领导中国革命的核心力量。正如毛泽东所说："自从有了中国共产党，中国革命的面目就焕然一新了。"① 在中国共产党的领导下，中国人民进行了艰苦卓绝的斗争，最终推翻了帝国主义、封建主义和官僚资本主义这三座大山，建立了新中国。在这一过程中，红色文化逐渐形成并发展壮大。

（二）红色文化形成与发展的动力源泉：民族精神和革命精神

红色文化作为中华民族文化宝库中的瑰宝，其形成与发展的动力源泉深深植根于民族精神和革命精神之中。

---

① 毛泽东：《毛泽东选集》（第4卷），人民出版社1991年版，第1357页。

首先，民族精神是红色文化形成与发展的深厚土壤。中华民族自古以来就有着自强不息、厚德载物、勤劳勇敢、团结统一的民族精神。这种精神在长期的历史进程中不断积淀和升华，成为激励中华民族奋勇前进的强大动力。红色文化正是在这种民族精神的滋养下孕育而生的，它承继了中华民族的优秀传统文化，同时又在革命实践中不断发展和创新，形成了具有鲜明时代特色的文化形态。

其次，革命精神是红色文化形成与发展的直接动力。革命精神是在革命实践中形成的具有坚定信念、艰苦奋斗、勇于牺牲、敢于胜利等特质的精神风貌。在革命战争年代，无数革命先烈为了民族的独立和人民的解放，抛头颅、洒热血，用鲜血和生命铸就了伟大的革命精神。这种精神不仅激励了当时的人们奋勇前进，也为后来的红色文化提供了丰富的素材和深刻的思想内涵。红色文化通过传承和弘扬革命精神，使人们在新的历史条件下继续保持奋发向上的精神状态，为实现中华民族伟大复兴的中国梦而努力奋斗。

综上所述，民族精神和革命精神是红色文化形成与发展的动力源泉。它们相互交融、相互促进，共同构成了红色文化的独特魅力和深远影响。在新时代，我们应该继续弘扬民族精神和革命精神，推动红色文化的传承和发展，为实现中华民族伟大复兴的中国梦提供强大的精神动力。

（三）红色文化形成的理论基石：马克思主义

红色文化形成的理论基石是马克思主义。马克思主义作为科学的世界观和方法论，为红色文化的形成提供了坚实的理论基础和思想指导。马克思主义使红色文化具备了科学的前提，"它是反对一切封建思想和迷信思想，主张实事求是，主张客观真理，主张理论和实践一致的"①。

1917年俄国十月革命的伟大胜利，极大地鼓舞了中国人民和中国的先进分子，为中国送来了马克思列宁主义。这一时期的国际环境也为马克思主义在中国的传播提供了有利条件。1919年爆发的五四运动是中国近代史上具有划时代意义的事件，它不仅促进了马克思主义在中国的广泛传播，还使一批先进分子接受了马克思主义思想，成为红色文化的先驱和推动者。马克思主义作为外来文化，其在中国生根发芽并非偶然，而是与中国国情相结合的必然结果。李大钊、陈独秀等先进分子将马克思主义引入中国，并努力将其与中国革命实践相结合，形成了具有中国特色的红色文化。

马克思主义揭示了资本主义经济制度的本质和矛盾，为中国革命提供了经济分析和斗争策略。在红色文化的形成过程中，经济理论成为指导中国革命和建设的重要工具。马克思主义关于无产阶级革命和军事斗争的理论，为中国革

---

① 毛泽东：《毛泽东选集》（第2卷），人民出版社1991年版，第708页。

命提供了军事战略和战术的指导。毛泽东等中国共产党的领导人将马克思主义理论与中国革命实际相结合,形成了具有中国特色的军事理论,如游击战、人民战争等,这些理论在红色文化中占有重要地位。马克思主义关于无产阶级政党的理论,也为中国共产党的建设提供了理论指导。在红色文化的形成过程中,党建理论成为加强党的组织建设、思想建设和作风建设的重要基石。马克思主义关于文化建设的理论,为红色文化的形成和发展提供了思想保障。

红色文化蕴含着中国共产党人的坚定信仰与价值观念,这种信仰正是基于马克思主义的科学理论和对人类社会发展规律的深刻认识。红色文化中的奋斗精神是马克思主义实践观的具体体现。中国共产党人始终坚持为绝大多数人谋利益的根本立场,通过艰苦奋斗和不懈努力实现中华民族的伟大复兴。红色文化中的群众路线是马克思主义群众观的具体实践,即紧密联系群众、依靠群众、服务群众,形成了具有中国特色的群众工作方法和优良传统。

综上所述,马克思主义作为红色文化形成的理论基石,在红色文化的形成和发展过程中发挥了至关重要的作用。它不仅为红色文化提供了坚实的理论基础和思想指导,还通过具体实践和理论创新不断丰富和发展了红色文化的内涵和外延。

二、红色文化的价值

红色文化是一种具有鲜明中国特色和革命时代特征的文化形态。它不仅是中国共产党领导下的革命文化的重要组成部分,也是中华民族优秀传统文化的继承、发扬和创新。红色文化在传承中不断创新发展。随着时代的变迁和社会的进步,红色文化的表现形式和传播方式也在不断变化。从传统的纪念馆、博物馆、革命遗址等实地教育,到现代的影视作品、网络新媒体、虚拟现实技术等数字化传播手段,红色文化正以更加多元、生动、便捷的方式走进人们的生活,激发着人们的爱国情感和奋斗精神。红色文化的价值是多方面的,主要体现在以下六个方面。

(一)历史印证价值

红色文化见证了"没有共产党就没有新中国"的历史。它承载了中国共产党领导人民在革命、建设、改革进程中创造的以中国化马克思主义为核心的先进文化,是中国近现代历史的重要组成部分。通过红色文化,我们可以更深刻地理解中国共产党的奋斗历程和中国人民的抗争精神,从而更加珍惜现在的和平生活。红色文化记录了中国共产党领导人民进行革命、建设和改革的伟大历程,即从中国共产党成立之初的艰难探索,到领导人民取得新民主主义革命的胜利,再到建立新中国并推动社会主义建设和改革开放的历史过程。这些历史事件和人物事迹,通过红色文化的传承和弘扬,得以被后人铭记和传颂。

（二）文明传承价值

红色文化不仅是对历史的回顾，更是对文明的传承。它蕴含着丰富的革命精神和时代特征，是培育新的民族精神的现实需要。通过传承和发扬红色文化，我们可以汲取其中的智慧和力量，为新时代的发展提供精神支撑和动力源泉。红色文化是在中华优秀传统文化的基础上发展起来的先进文化，它继承和弘扬了我国传统的"民本主义"思想，坚持人民利益至上，全心全意为人民服务。同时，红色文化还结合时代特点，提出了许多符合中国实际情况的先进思想和重要论断，进一步推动了中华文化的现代化进程。在这个过程中，红色文化不仅丰富了中华文化的内涵，也提升了中华文化的国际影响力。

（三）政治教育价值

红色文化倡导的是崇高的思想境界和高尚的道德情操。在政治教育领域，红色文化是不可或缺的重要学习资源。通过学习和了解红色文化，人们可以更加深刻地感受到幸福生活的来之不易，增强对党和国家的认同感和归属感。孩子是国家的未来和民族的希望，在家庭教育中融入红色文化元素，有助于培养青少年的爱国情怀、民族自豪感和历史责任感。通过参观红色教育基地、学习红色故事、传承红色基因等方式，可以让他们感同身受地了解中国革命的伟大历程和体会中国人民的奋斗精神，从而激发他们的爱国情感和奉献精神，为未来的成长和发展奠定坚实的思想基础。

（四）经济开发价值

随着文化产业在现代经济结构中成为新的国民经济增长点，红色文化作为文化产业的重要组成部分，也展现出了巨大的经济开发价值。通过挖掘和利用红色文化资源，可以发展红色旅游、红色教育等产业，促进地方经济的发展和转型升级。习近平总书记多次强调："要把红色资源利用好、把红色传统发扬好、把红色基因传承好。"[①] 红色文化的经济开发价值体现在多个方面，它不仅是历史与文化的传承，更是推动经济社会发展的重要力量。第一，促进红色旅游开发。红色文化资源蕴含着政治、经济、文化等功能价值，通过开发红色旅游资源，可以吸引大量游客前来参观学习，从而带动当地旅游业的发展。红色旅游不仅丰富了旅游产品的类型，还提升了旅游的文化内涵，满足了游客对于精神文化层面的需求。通过挖掘红色文化资源的内涵，可以开发出具有地方特色和文化底蕴的文创产品，如红色纪念品、红色影视作品等。这些文创产品不仅具有经济价值，还能传播红色文化，提升社会影响力。第二，促进相关产

---

① 习近平：《贯彻全军政治工作会议精神　扎实推进依法治军从严治军》，载《人民日报》2014年12月16日第1版。

业发展。红色旅游的发展可以带动餐饮、住宿、交通、购物等相关产业的繁荣，形成产业链效应，为当地经济注入新的活力。例如，通过建设红色旅游景区、红色文化产业园区、创意产业园区等，可以吸引游客前来消费，既可以直接带来经济效益，如门票收入、文创产品销售收入等，又能带动周边餐饮、住宿等服务业的发展。这些收入可以用于红色文化资源的保护和开发，形成良性循环。红色文化产业的发展还可以形成产业集群效应，吸引更多的文化企业和人才聚集，推动文化产业的整体发展。

（五）精神激励价值

红色文化作为中华民族在革命、建设和改革过程中形成的独特文化形态，蕴含着丰富的精神激励价值。这种价值不仅体现在历史的回顾与传承上，更体现在对当代社会的深刻影响与启迪上。首先，红色文化展现了坚定的理想信念。理想这一耀眼夺目的红线，贯穿于革命、建设和改革开放的伟大实践中，凝结了革命理想主义精神、英雄主义精神、乐观主义精神、艰苦奋斗精神、无私奉献精神和英勇牺牲精神等。邓小平指出："为什么我们过去能在非常困难的情况下奋斗出来，战胜千难万险使革命胜利呢？就是因为我们有理想。"[①] "红军不怕远征难，万水千山只等闲""为有牺牲多壮志，敢教日月换新天"……这些乐观豪迈的集体群像震撼传达了中国共产党人对理想的坚定。其次，红色文化弘扬了爱国主义和集体主义精神。在革命战争年代，无数先烈为了国家的独立和民族的解放，不惜抛头颅、洒热血。从革命先烈的英勇事迹中，我们可以深刻感受到他们对共产主义事业的忠诚与执着，以及面对艰难险阻时的不屈不挠。这种强烈的爱国情怀和集体主义精神是红色文化的核心。最后，红色文化还蕴含着勇于创新、敢于担当的进取精神。在革命和建设过程中，中国共产党人不断总结经验教训，勇于探索适合中国国情的发展道路。这种创新精神激励我们在新时代背景下，敢于突破传统束缚，勇于尝试新事物，不断推动社会进步与发展。这些精神品质是激励我们不断前行的重要动力，促使我们更加坚定地投身于国家建设和民族复兴的伟大事业中。

（六）国际交流价值

红色文化不仅是中国独有的文化现象，也是世界文化宝库的重要组成部分。随着全球化的深入发展，国际间的文化交流日益频繁。通过推广和展示红色文化，我们可以增进国际社会对中国历史、文化和社会的了解和认识，促进中外文化的交流与互鉴。同时，红色文化中所蕴含的和平、发展、合作等价值观念，也有助于推动构建人类命运共同体，促进世界的和平与发展。红色文化

---

① 邓小平：《邓小平文选》（第3卷），人民出版社1993年版，第110页。

作为中华文化的核心要素之一，其国际交流价值不容忽视。第一，推动构建人类命运共同体。红色文化强调的公平正义、共同发展的理念，与构建人类命运共同体的理念高度契合。在国际交流中，红色文化能够传递出中国愿意与世界各国共同应对全球性挑战、推动世界共同发展的积极信号。这种理念的传播有助于增进国际社会对中国的理解和认同，为构建更加和谐稳定的国际关系奠定基础。第二，提升国家文化软实力和国际影响力。红色文化具有独特的魅力和深厚的内涵，是中国文化对外交流的重要资源。通过国际交流，红色文化能够展现中国的历史底蕴、民族精神和文化特色，提升中国文化的国际吸引力和影响力。同时，红色文化中的独立自主、自力更生的精神，也能够促使国际社会对中国的发展模式和道路给予更多的关注和认可。第三，塑造良好的国家形象。良好的国家形象是国家软实力的重要组成部分。红色文化蕴含着不懈奋斗、团结互助、追求理想与自由等优质价值观念，这些价值观念在国际交流中能够引发共鸣，帮助国际社会更加真实地了解中国、接纳中国、认同中国。红色文化的传播可以消除部分国家和团体对中国红色政权的认知偏差，帮助中国塑造更加积极、正面的国家形象。第四，增进国际社会对中国的了解和认同。红色文化是中国共产党领导广大人民群众在长期革命工作中形成的思想文化精华，是汇聚诸多革命、发展阶段奋进精神的优良写照。通过国际交流，红色文化能够向世界展示中国共产党领导人民进行革命、建设和改革的伟大历程和辉煌成就，增进国际社会对中国历史、文化和现状的了解和认同。

总之，红色文化作为中国革命的文化产物，具有深厚的历史底蕴和道义力量。它不仅是中国革命历程的缩影，也是中华民族坚定意志和追求幸福的文化积淀。在新时代背景下，红色文化仍然具有重要的现实意义和时代价值，它将继续激励着中国人民为实现中华民族伟大复兴的中国梦而努力奋斗。

第三节　红色文化是家庭教育的核心和灵魂

党的十八大以来，习近平总书记反复强调要把红色文化传承好，并且要把红色文化传承上升为灵魂工程、育人工程和固本工程。他谆谆告诫我们："光荣传统不能丢，丢了就丢了魂；红色基因不能变，变了就变了质"[①]；"要沿着革命前辈的足迹继续前行，把红色江山世世代代传下去。革命传统教育要从娃娃抓起，既注重知识灌输，又加强情感培育，使红色基因渗进血液、浸入心扉"[②]。

---

① 习近平：《论中国共产党历史》，中央文献出版社2021年版，第109页。
② 习近平：《论中国共产党历史》，中央文献出版社2021年版，第108页。

一、红色文化为家庭教育提供价值航标

在复杂多变的社会环境中，孩子们面临着各种诱惑和挑战。而红色文化所蕴含的坚定信念、不屈不挠的精神品质，如同璀璨的精神灯塔，为家庭教育指明了方向，为孩子们提供强大的精神支撑和指引，帮助他们树立正确的世界观、人生观和价值观，让他们在面对困难和挑战时能够勇往直前、不屈不挠。

（一）历史传承，奠定坚实基础

历史传承作为文化积淀与智慧结晶的传递过程，为社会的稳定与发展奠定了坚实的基础。它如同一条绵延不绝的河流，汇聚着历代先贤的智慧与汗水，滋养着后世子孙的心田。在历史的长河中，那些璀璨夺目的文明成果，如古老的文字、宏伟的建筑、深邃的哲学思想、精湛的艺术工艺等，都是历史传承的宝贵财富。它们不仅仅是过去时代的印记，更是人类共同的精神家园，为后人提供了无尽的学习与借鉴的源泉。

历史传承的重要性在于它能够帮助我们认识过去、理解现在、展望未来。通过深入研究历史，我们可以更加清晰地看到人类社会发展的脉络与规律，从而更加准确地把握时代的脉搏。同时，历史传承还能够激发我们的民族自豪感和文化自信，增强我们的凝聚力和向心力，为社会的和谐稳定与繁荣发展注入强大的精神动力。

红色文化是中华民族宝贵的精神财富，它记录了无数革命先烈的英勇事迹和崇高精神。习近平总书记指出："历史是一个民族、一个国家形成、发展及其盛衰兴亡的真实记录。"[1] 在家庭教育中，传承红色文化就是传承历史，让孩子了解过去，珍惜现在，展望未来。同时应全面抵制历史虚无主义，在坚决的斗争中传承红色文化。这种历史的传承，为孩子的成长奠定了坚实的基础，让他们在未来的道路上更加坚定自信。

（二）爱国教育，激发民族情感

爱国教育首先是一种知识的传授。在这个过程中，我们通过学习历史、了解文化、感受国家的苦难与辉煌，逐渐培养出对祖国的深厚情感，这种情感是民族凝聚力的源泉，是推动国家向前发展的不竭动力。近年来，我们的国家在各个领域都取得了举世瞩目的成就，无论是科技、经济还是文化等方面都实现了快速发展。这些成就的背后，是无数人的辛勤付出和无私奉献。通过了解这些成就和背后的故事，孩子们可以更加深刻地感受到国家的强大和进步，从而更加坚定信念和信心，为祖国的繁荣富强贡献自己的力量。

---

[1] 习近平：《领导干部要读点历史》，载《学习时报》2011年9月5日第1版。

爱国教育更是一种民族情感的激发和精神的传承。在这个过程中，我们不仅要学会感恩和珍惜，更要学会担当和奉献。同时，还要将这种爱国情感传递给下一代，让他们也能够在爱国教育中成长起来，成为祖国的栋梁之材。红色文化蕴含着深厚的爱国情感。通过家庭教育，家长可以向孩子讲述革命英雄的故事，让他们了解到我们的祖先是如何在这片土地上繁衍生息，创造出辉煌的文明；也了解到我们的国家在面对外敌入侵时，是如何团结一心、英勇抗争，最终赢得胜利。这种爱国情感的激发，有助于培养孩子的民族认同感和归属感，让他们更加热爱自己的祖国，愿意为祖国的繁荣富强贡献自己的力量。

（三）品德塑造，培养优秀品质

品德塑造是每个人成长过程中不可或缺的一环，它关乎我们如何成为更好的自己，如何与他人和社会和谐共处。培养优秀品质，不仅是对个人内在修养的提升，更是对社会正能量的贡献。

红色文化中的许多元素都体现了中华民族的传统美德和优秀品质。例如，在革命斗争的艰难岁月中，革命先烈们面临着无数困难和挑战，但他们始终坚定信念、勇往直前。这种坚韧不拔、不屈不挠的精神是青少年需要学习和传承的。通过学习红色文化，青少年可以更加深刻地理解到成功的背后往往需要付出艰辛的努力和不懈的奋斗，从而培养他们面对困难时的勇气和毅力。

红色文化还能够培养青少年的社会责任感。在红色文化中，我们可以看到许多革命先烈为了国家和民族的利益而舍小家顾大家、无私奉献的感人事迹。这些事迹告诉我们，作为社会成员的每一个人都应该承担起自己的社会责任和义务。通过学习红色文化，青少年可以更加深刻地认识到自己的社会责任和使命，从而培养他们的社会责任感和奉献精神。在家庭教育中，家长可以引导孩子学习这些优秀品质，培养他们的责任感、使命感。这种品德的塑造，将有助于孩子成为有担当、有爱心、有责任感的人。

（四）价值引领，照亮成长之路

红色文化是中国共产党在革命、建设、改革过程中形成的一种独特文化形态，它蕴含着丰富的革命精神和道德价值观念，对青少年的价值引领具有深远的意义。红色文化不仅是一种历史记忆，更是一种精神引领。德国哲学家阿斯曼认为，历史记忆"被外化、对象化并以符号的形式储存，不像言语的声响或手势的视觉，这些符号形式是稳定的、超越情境的：它们可以从一种情境向另一种情境迁移，并从一代传递给另一代"[①]。可见，传承红色文化的过程就是促使一代代中华儿女更加立体地理解、思考并认同的过程。红色文化激励着

---

① ［德］扬·阿斯曼：《交往记忆与文化记忆》，管小其译，载《学术交流》2017 年第 1 期，第 10 – 15 页。

人们不断前进，追求更高的目标。在家庭教育中，家长可以将红色文化作为精神灯塔，照亮孩子的成长之路。

首先，红色文化弘扬了爱国主义精神。它通过讲述革命先烈的英雄事迹和革命历史，激发孩子的民族自豪感和爱国情怀，引导孩子为国家的繁荣富强和民族的伟大复兴贡献力量。其次，红色文化传承了革命理想和信念。它传递了共产党人为实现共产主义理想而不懈奋斗的精神，激励孩子树立正确的世界观、人生观和价值观，坚定理想信念，勇于面对各种困难和挑战。再次，红色文化倡导了集体主义和社会责任感。它强调个人利益服从于集体利益，倡导团结协作、无私奉献的精神，引导孩子在社会生活中积极履行社会责任，促进社会和谐稳定。最后，红色文化体现了改革创新的时代精神。它鼓励孩子继承和发扬革命先辈的创新精神，不断探索适应新时代要求的发展道路，推动社会进步和文明发展。可见，红色文化的价值引领对于培育和践行社会主义核心价值观、推动社会主义文化繁荣发展具有重要意义。鼓励青少年学习和传承红色文化，可以更好地激发其创造活力，推动其实现中华民族伟大复兴的中国梦。

二、红色文化为家庭教育提供精神支撑

红色文化是中国共产党领导中国人民在革命、建设、改革过程中形成的一种独特文化形态，蕴含着丰富的精神内涵和价值观念，为家庭教育提供了坚实的精神支撑。

（一）传承革命精神

传承革命精神让我们铭记历史，不忘初心，时刻牢记党的宗旨和使命，为实现中华民族伟大复兴的中国梦而不懈奋斗。习近平总书记指出："我们党的百年历史，就是一部践行党的初心使命的历史，就是一部党与人民心连心、同呼吸、共命运的历史。"① 革命精神中蕴含的坚定信念、无私奉献、艰苦奋斗等优秀品质，能够激发人们的奋斗精神和创造力，凝聚起全社会共同奋斗的强大力量。通过传承革命精神，我们培养一代又一代具有担当精神和责任感的新时代青年，为国家和民族的未来贡献力量。在当前全面建设社会主义现代化国家的新征程中，传承革命精神能够激励我们坚定信念、勇往直前，不断应对挑战、砥砺前行；能够培养孩子们的责任感和使命感，让他们在未来的学习和生活中勇于面对困难，坚持不懈地追求自己的理想。

（二）树立正确价值观

红色文化是中国共产党人精神追求和价值理念的集中体现，它蕴含着爱国

---

① 习近平：《在党史学习教育动员大会上的讲话》，载《求是》2021年第7期，第1页。

主义、集体主义、社会主义等核心价值观。这些价值观不仅是红色文化的核心要素，也是社会主义核心价值观的重要组成部分。具体来说，红色文化中蕴含着无数革命先烈的英勇事迹和崇高精神，这些生动感人的故事和形象，为树立正确价值观提供了丰富的素材和生动的教材。通过鼓励青少年学习和传承红色文化，可以让其更加深刻地认识到革命先烈的伟大精神和高尚品质，从而激发其爱国热情、奋斗精神和奉献精神，使之树立正确的世界观、人生观和价值观。

（三）培养爱国情怀

爱国情怀是指个人对自己祖国的深厚感情和忠诚，它体现在对国家的热爱、对民族文化的尊重和传承，以及在国家需要时愿意为国家的利益和荣誉做出贡献的态度。这种情感是人类社会中普遍存在的一种正面情感，它能够激发人们的团结和奋斗精神，增强国家的凝聚力和向心力。红色文化通过讲述革命历史、英雄事迹和民族精神，激发青少年的爱国情感和民族自豪感。在新时代背景下，传承和弘扬红色文化，对于培养爱国情怀、增强民族凝聚力、推动社会主义核心价值观的建设具有重要意义。通过教育、文化活动和媒体传播等多种形式，可以进一步激发青少年的爱国热情，引导他们在实现中华民族伟大复兴的中国梦的征程中贡献自己的力量。

（四）增强文化自信

文化自信不仅是对历史文化的尊重与传承，更是对当代文化发展的自豪与认同以及对未来文化创新的期待与信心。增强文化自信，需要深入了解自己的文化根源。这包括学习历史、传统、文学、艺术等各个方面的知识，理解文化背后的精神内涵和价值观念。红色文化是中国特色社会主义文化的重要组成部分，具有鲜明的民族特色和时代特征。在家庭教育中融入红色文化，可以让孩子们更加深入地了解中国的历史和文化，增强他们的文化自信。这种文化自信不仅体现在对传统文化的认同和尊重上，更体现在对中国特色社会主义道路的坚定信念上。有了这种文化自信，孩子们才能更加自信地走向世界，展现中国的风采和力量。

三、传承红色文化是家庭教育的核心使命

传承红色文化作为家庭教育的核心使命，具有深远的意义和重要性。它关乎着民族精神的延续和国家的未来。

（一）传承红色文化是家庭教育的主要内容

"家庭对儿童的社会化教育包括学习生活知识、学习社会规范、培养性格

情操、协调人际关系、指导生活选择等各个方面。"① 家庭教育的内容丰富多样，它涵盖了孩子成长过程中的多个方面。首先，家庭教育包括品德教育，强调培养孩子的道德观念、价值观和责任感，帮助他们形成正确的世界观、人生观和价值观。通过言传身教、榜样示范等方式，家长引导孩子学会尊重他人、诚实守信、勤奋努力等优秀品质。其次，家庭教育也包括对孩子的知识教育。这不仅仅包括学校所教授的学科知识，还包括更广泛的知识领域，如科学、艺术、历史、文化等。家长可以通过带领孩子阅读、旅行、参观博物馆等方式，拓宽孩子的视野，激发他们的学习兴趣和好奇心。最后，家庭教育还包括对孩子的情感教育。家长要关注孩子的情感需求，给予他们足够的关爱和支持，通过建立良好的亲子关系，帮助孩子建立自信心、自尊心和安全感，让他们感受到家庭的温暖和力量。

传承红色文化是家庭教育中品德教育的重要内容。红色文化中的无私奉献、艰苦奋斗、勇于担当等精神品质，都是孩子们成长过程中需要学习和践行的。通过家庭教育，孩子们从小就树立起正确的道德观念，长大后成为有担当、有责任感的人。因此，家庭教育应该注重传承红色文化，将红色文化的精髓融入日常生活中，让孩子们在潜移默化中接受红色文化的熏陶和感染。

（二）传承红色文化是家庭教育的灵魂

红色文化是中国共产党在革命、建设和改革过程中形成的独特文化形态，它蕴含着丰富的革命精神和优良传统，如爱国主义、集体主义、艰苦奋斗、无私奉献等。这些精神品质不仅是中华民族宝贵的精神财富，也是当代青少年成长成才的重要精神支撑。

家庭是社会的细胞，是传承红色文化的重要阵地。红色文化的传承不仅仅是一种知识的传授，更是一种情感的共鸣和精神的传承。在家庭中，父母可以通过与孩子共同观看红色电影、阅读红色书籍、讨论历史事件等方式，激发孩子对红色文化的兴趣和热爱。通过这些活动，孩子能够更直观地感受到革命先辈们的英勇事迹和无私奉献，从而在心灵深处种下爱国主义的种子。总之，传承红色文化是家庭教育的灵魂，是培养孩子成为德智体美劳全面发展的社会主义建设者和接班人的重要途径。只有每个家庭都重视红色文化的传承，才能共同筑起中华民族的精神长城，为实现中华民族伟大复兴的中国梦贡献力量。

（三）传承红色文化是家庭教育落实立德树人根本任务的必然要求

党的十八大报告首次提出要把立德树人作为教育的根本任务。党的二十大

---

① 邓伟志、徐新：《家庭社会学导论》，上海大学出版社2006年版，第58页。

报告再次指出:"落实立德树人根本任务,培养德智体美劳全面发展的社会主义建设者和接班人。"[①] 立德树人的本质是对"为谁培养人""培养什么样的人""如何培养人"等一系列问题的深刻追问,其核心要义是"立社会主义之德,树社会主义事业的建设者和接班人"。当前立德树人这一目标的实现主要通过学校教育的课程、教学、活动等方式去完成,家庭教育的作用被忽视。然而,我们必须承认的一个基本现实是,目前学校德育仍然面临着诸多问题与困境。持续增长的青少年心理健康及安全问题、日益频发的青少年自杀或他杀案件,以及频繁曝光的校园霸凌事件等都触动着全社会的神经,让学校教育的"神话"屡屡在公众的认知中被打破。从某种意义上说,这种仅靠学校教育作为立德树人单一主体的模式已经出现了力量上的不足,迫切需要家庭教育主动承担起立德树人的重要责任。

红色文化作为我们国家和民族的精神瑰宝,承载着丰富的历史记忆和革命传统,是培育青少年家国情怀和民族精神的重要载体。同时,红色文化所包含的共产主义理想信念、爱国主义精神、优良道德品质和人民立场等多个因子,正是立德树人之"德"的核心体现。习近平总书记多次做出指示,要求"把红色资源利用好、把红色传统发扬好、把红色文化传承好"。立德树人是"'立育人之德'和'树有德之人'的有机统一"[②]。家庭教育是教育的起点和基点,是立德树人的基础与关键。通过家庭教育,家长可以引导青少年了解革命先烈的英勇事迹,感受他们为了国家和人民利益所做出的巨大牺牲。这种教育有助于激发青少年的社会责任感和使命感,让他们明白个人成长与国家、民族的发展息息相关。具体来说,通过家庭教育将红色文化所蕴含的精神传递给青少年,让红色文化代代传承和发扬,一方面使得健康、珍贵的红色文化在继承和创新中得到发展,中华民族的精神命脉得到保存;另一方面,促进青少年思想道德和价值观念等维度的提升,让红色文化的传承成为践行立德树人根本任务的有效载体和方式,从而更好地实现立德树人。

[①] 习近平:《高举中国特色社会主义伟大旗帜 为全面建设社会主义现代化国家而团结奋斗:在中国共产党第二十次全国代表大会上的报告》,人民出版社2022年版,第34页。
[②] 冯建军:《立德树人的时代内涵与实施路径》,载《人民教育》2019年第18期,第39-44页。

第四章 家庭教育传承红色文化面临的困境分析

红色文化强调革命理想和革命精神，倡导艰苦奋斗、无私奉献的价值观，是中华民族精神的重要组成部分。家庭作为个体发展的最初社会环境，家庭教育在红色文化传承上的作用不容忽视、不可取代。家庭价值观、家庭教育方法、家庭教养方式等都是影响红色文化传承的重要因素。但实际家庭教育活动中的红色文化传承往往呈现出"雷声大、雨点小"的势态，地位不够突出，与社会发展需求和家庭实际生活现状严重脱节。可以说，在当前家庭教育中，红色文化的传承面临着一定程度上的波折和困境，主要原因来自社会环境变迁带来的挑战、家庭教育中重智育轻德育取向增长以及西方意识形态的渗透等。

第一节 家庭教育影响红色文化传承的因素

父母是红色文化传承过程中最直接、最重要的工作者，他们在进行家庭红色文化传承的活动中，所决定的教育目标、所重视的价值观念、所选择的教育方式、所营造的教育氛围，无一不决定着家庭道德教育的功用，左右着红色文化传承的效果。

一、家庭价值观对传承红色文化的影响

家庭价值观是深植于每个家庭成员心中的基本信念和原则，它指导着我们的行为，塑造着家庭文化，并影响着家庭成员之间的互动方式。这些价值观通常涵盖了尊重、爱、责任、诚实、信任、沟通、合作以及共享等多个方面。

尊重是家庭价值观的核心之一，它意味着我们不仅要尊重家庭成员的个性和差异，还要尊重他们的意见、选择和感受。爱则是家庭价值观的基石，它让家庭成为温暖的港湾，让我们在疲惫和困难时找到依靠和支持。责任是家庭成员共同承担的义务，它要求我们在家庭生活中尽职尽责，无论是照顾老人、抚养子女，还是分担家务，都需要我们付出努力和时间。诚实和信任则是家庭关系的润滑剂，帮助我们建立和维护健康的家庭关系，减少误解和冲突。沟通是家庭成员之间交流思想、情感和需求的重要方式，有助于增进彼此的了解和亲近感。合作是家庭成员共同完成任务和解决问题的关键，它需要我们携手合作，共同努力，实现家庭目标。共享是家庭价值观的重要体现，它意味着要分

享家庭的快乐、成就和资源，让家庭成为共享幸福的源泉。通过共享，我们可以增强家庭成员之间的凝聚力和归属感，让家庭成为我们共同的精神家园。

总之，家庭价值观是家庭文化的核心，它指导行为、塑造品格，并影响着我们的家庭生活和人际关系。家庭价值观作为个人对于家庭事务所持有的观点、态度或信念，对红色文化传承具有深远的影响。以下将从四个方面详细阐述家庭价值观如何影响红色文化传承。

（一）家庭价值观塑造家庭红色教育环境

家庭价值观在塑造家庭红色教育环境中扮演着重要的角色，它影响着家庭成员的行为方式、道德观念以及家庭氛围的营造。在构建家庭红色教育环境时，家庭价值观不仅为教育提供了精神内核，还确保了红色教育的有效性和持续性。

首先，家庭价值观中的爱国主义情感和民族自豪感是红色教育的重要基石。当家庭成员普遍认同并践行这些价值观时，他们会更加珍惜和尊重革命先烈的奋斗历程，更加珍视今天的幸福生活。这种情感共鸣能够激发家庭成员对红色文化的兴趣和探索欲，从而营造出一种积极向上的红色教育氛围。

其次，家庭价值观中的勤劳、节俭、诚实、守信等美德也是红色教育不可或缺的元素。这些美德不仅是中华民族的传统美德，也是革命先辈们所秉持的优秀品质。在家庭中，家长通过言传身教、榜样示范等方式，将这些美德融入日常生活中，有助于培养孩子们的良好品德和行为习惯。同时，这些美德也是红色教育的重要内容之一，能够帮助孩子们更好地理解革命精神，坚定理想信念。

最后，家庭价值观还影响着家庭成员之间的相处方式和家庭氛围的营造。一个和谐、温馨、充满爱的家庭环境，能够为孩子们提供安全感和归属感，使他们在轻松愉快的氛围中接受红色教育。相反，如果家庭氛围紧张、冷漠或缺乏关爱，孩子们可能会产生抵触情绪，从而影响红色教育的效果。

（二）家庭价值观强化民族自豪感和历史使命感

家庭价值观在塑造个人身份、情感联结和社会责任感方面发挥着至关重要的作用。它们不仅影响着我们日常生活中的行为举止，更在潜移默化中强化着我们的民族自豪感和历史使命感。

在一个充满爱与尊重的家庭环境中，孩子们从小就被灌输着对国家和民族的深厚情感。家长们通过讲述历史故事、传承文化遗产、弘扬民族精神，让孩子们深刻理解到自己是这个伟大民族中的一员，肩负着继承和发扬民族文化的重任。这种情感的熏陶和培育，使得孩子们在成长过程中自然而然地形成了对国家和民族的深厚情感，进而产生了强烈的民族自豪感和历史使命感。家庭价值观中的爱国情感和民族自豪感是推动红色文化传承的重要动力。家长通过讲述国家的历史和成就，以及革命先烈的英勇事迹，可以增强孩子的民族自信心和自豪感，使他们更加珍惜今天的幸福生活，并愿意为国家的未来发展贡献自己的力量。

同时，家庭价值观还强调责任与担当。在家庭教育中，父母们常常教导孩子们要勇于承担责任，积极履行自己的义务。这种责任感的培养不仅体现在家庭内部，更延伸到了社会和国家层面。当孩子们看到身边的亲人、朋友以及整个民族都在为国家的繁荣富强而努力奋斗时，他们也会受到感染，自觉地肩负起自己的历史使命，为国家和民族的发展贡献自己的力量。

因此，家庭价值观在强化民族自豪感和历史使命感方面发挥着不可替代的作用。通过情感的熏陶、责任的培养以及文化的传承，每一个家庭成员都愿意成为国家和民族发展的参与者和推动者。家长可以引导孩子思考如何在学习和生活中践行红色精神，如何为实现中华民族的伟大复兴而努力奋斗。在这个过程中，个体不仅实现了个人价值的提升，更促进了整个社会的和谐与进步。家庭价值观中的历史使命感促使孩子认识到自己作为中华民族一员的责任和使命。这种历史使命感将激励孩子不断追求进步，为国家和民族的繁荣富强贡献自己的力量。

（三）家庭价值观促进家庭和谐与社会稳定

家庭价值观是家庭和谐与社会稳定的基石。它们不仅塑造了个体在家庭中的角色与行为，还深刻地影响着家庭成员间的相互关系以及家庭与社会之间的互动。

1. 家庭价值观为家庭成员提供了共同的行为准则和道德标准

这些价值观往往涵盖了尊重、爱、责任、诚实、宽容等多个方面，它们如同家庭内部的指南针，引导着每个成员在复杂多变的生活环境中保持正确的方向。当家庭成员都认同并践行这些价值观时，他们之间的沟通与理解将更加顺畅，冲突与分歧也更容易得到妥善解决。

2. 家庭价值观在促进家庭和谐方面发挥着不可替代的作用

和谐的家庭氛围是家庭成员身心健康的重要保障，也是他们在外拼搏时最坚实的后盾。一个充满爱、尊重与理解的家庭，能够给予每个成员以温暖和支持，让他们在面对困难和挑战时更有勇气和信心。同时，家庭内部的和谐也为孩子提供了良好的成长环境，有助于培养他们的良好品德和健全人格。

3. 家庭价值观对于社会稳定同样具有重要意义

家庭是社会的基本细胞，家庭的稳定与和谐直接关系到社会的稳定与发展。当每个家庭都能够秉持正确的价值观，妥善处理内部矛盾与冲突时，整个社会的和谐与稳定也将得到有力保障。此外，家庭价值观还通过代际传承的方式影响着社会的价值观念和文化传统,为社会的长远发展提供了重要的精神支撑。

(四)家庭价值观推动红色文化的创新与发展

家庭价值观中的创新精神为红色文化的传承注入了新的活力。父母可以鼓励孩子在了解和学习红色文化的基础上,发挥自己的想象力和创造力,创作出具有时代特色的红色文化作品。这种文化创新不仅丰富了红色文化的内涵和形式,还使红色文化更加贴近现代人的生活和审美需求。

家庭价值观中的开放性和包容性促进了红色文化传播渠道的拓展。在数字化时代,家长可以利用互联网、社交媒体等新媒体平台,将红色文化以更加生动、直观的方式呈现给孩子和社会大众。这种传播方式的创新不仅提高了红色文化的传播效率和覆盖面,还增强了红色文化的吸引力和感染力。

综上所述,家庭价值观对红色文化传承具有深远的影响。通过塑造家庭红色教育环境、强化民族自豪感和历史使命感、促进家庭和谐与社会稳定以及推动红色文化的创新与发展等方面的作用,家庭价值观为红色文化的传承提供了坚实的支撑和保障。

二、家庭教育方法对传承红色文化的影响

家庭教育方法是指在家庭环境中,家长或监护人为了培养和教育孩子而采取的一系列具体手段、途径和策略的总称。这些方法涉及如何与孩子沟通、如何设置规则、如何激励孩子、如何指导孩子以及如何处理家庭矛盾等多个方面。有效的家庭教育方法往往建立在尊重孩子个性、关注孩子需求、理解孩子情感的基础上,旨在帮助孩子全面发展,培养他们的品德、智力、体质、审美等方面的能力。同时,家庭教育方法也需要随着孩子的成长和外部环境的变化而不断调整和完善,以适应孩子的成长需求。

家庭教育方法在红色文化传承中扮演着至关重要的角色。它不仅关乎孩子个人品格和价值观的塑造,更直接影响到红色精神在下一代的传承与发扬。具体来说,家庭教育方法通过言传(传授与引导)、身教(榜样与示范)、实践(体验与感悟)等多种手段,对红色文化传承产生着深远的影响。

(一)言传:传授与引导

"言传"一词,源于中国古代的教育哲学,强调通过口头传授、讲解和示范等方式来传播知识、道理、技能和经验。它不仅仅是简单的口头表达,更是一种深层次的交流与传承。

言传是一种古老而深远的教育方式。言传的核心在于传授与引导,即它不仅有知识的传授,更有智慧、经验、价值观乃至生活态度的传承和引导。在言

传的过程中，传授是基础。教育者通过口头讲述、解释、示范等方式，将知识、技能、规则等直接传递给学习者。这种传授是系统性的，旨在帮助学习者建立起对某一领域或事物的全面认知。当然，传授也是双向的，学习者在接收信息的过程中，也会提出疑问、分享见解，从而促进双方的理解与交流。言传的另一重要方面是引导。引导意味着教育者不仅要传授知识，更要激发学习者的学习兴趣、培养其自主学习能力、引导其形成正确的价值观和人生观。通过提问、讨论、案例分析等方法，教育者可以引导学习者主动思考、积极探索，从而培养其批判性思维和创新精神。此外，教育者还可以通过言传身教的方式，向学习者展示何为诚实、勇敢、善良等美德，从而潜移默化地影响其道德品质的形成。

言传的力量是无穷的。它可以在人与人之间架起一座沟通的桥梁，让知识、智慧、经验得以传承与发扬。同时，言传也是一种情感的传递和共鸣。在言传的过程中，教育者可以感受到学习者的成长与变化，而学习者也能从教育者的言传中感受到关怀与期待。这种情感的交流与共鸣，使得言传成了一种富有生命力和感染力的教育方式。

在家庭教育中，言传是父母向子女传授知识的重要手段。在文化传承中，言传同样发挥着不可替代的作用。许多传统文化、民间艺术和技艺都是通过口耳相传的方式得以保留和传承的。老一辈艺术家、工匠和学者通过言传的方式，将自己的经验和智慧传授给下一代，让传统文化得以延续和发展。

在红色文化传承中，家长言传的方式有两种：一是讲述与讲解。家长通过口头讲述革命先烈的英勇事迹、革命历史、红色故事等，使孩子能够直接了解到红色文化的内涵和价值。习近平强调："要讲好党的故事、革命的故事、根据地的故事、英雄和烈士的故事，加强革命传统教育、爱国主义教育、青少年思想道德教育，把红色基因传承好，确保红色江山不变色。"[①] 这种方法能够激发孩子的爱国情感和民族自豪感，培养他们对红色文化的认同感和传承意识。二是讨论与交流。家长与孩子就红色文化相关的话题进行讨论和交流，引导孩子思考和理解红色文化的深层含义。可以提出一些问题，如"革命先烈为什么要进行革命？""他们的精神对我们今天的生活有什么启示？"等，激发孩子的思考兴趣，培养他们的独立思考能力和批判性思维。

（二）身教：榜样与示范

"身教"是指通过自身的言行、示范和行为来教育和引导他人的一种方法。它源于"身体"和"教诲"的结合，强调通过亲身经历和示范来影响他

[①] 习近平：《坚定信心埋头苦干奋勇争先 谱写新时代中原更加出彩的绚丽篇章》，载《人民日报》2019年9月19日第1版。

人的行为和思考方式。身教不仅仅是一种简单的行为模仿，更是一种深层次的情感共鸣和价值认同。身教的力量，往往在于其无声却强烈的感染力，它能在潜移默化中塑造人的性格，引导人的行为。

身教之所以重要，是因为人们更容易受到他人的行为影响。在教育中，尤其是家庭教育和早期教育中，身教的作用尤为显著。父母、教师或其他榜样人物通过自己的行为示范，可以激发孩子和学生的学习兴趣和动力，引导他们模仿和学习良好的行为模式。这种榜样性教育具有直观性和教育性，能够潜移默化地影响孩子和学生的思想和行为。

身教的核心在于言行一致。教育者不仅要用言语来教导他人，更要通过自己的行为来诠释和实践所传授的价值观和理念。正如一句格言所说："你的行为比你说的话更响亮。"通过自身的行为示范，教育者能够建立信任和影响力，使他人更加愿意接受和模仿自己的行为。

榜样是身教的重要载体。一个优秀的榜样，就像一盏明灯，照亮人们前行的道路，激发人们向上的动力。他们用自己的实际行动诠释了什么是责任、什么是担当、什么是善良、什么是正义。这些正面的品质和行为，如同一股清泉，滋润着人们的心田，让人们在模仿和学习的过程中，不断提升自我，完善自我。

示范，则是身教的具体表现。它要求我们在日常生活中，时刻注意自己的言行举止，做到言行一致、表里如一。我们的每一个动作、每一个表情、每一句话语，都可能成为他人模仿的对象。因此，我们必须时刻保持清醒的头脑，严格要求自己，确保自己的行为符合社会道德和法律法规的要求。只有这样，我们才能成为他人信赖和尊敬的榜样，发挥身教的最大作用。

在家庭教育中，家长自身的行为和态度是孩子模仿和学习的重要对象。劳夫提出："任何母亲或父亲都无法给予孩子超出自己行为能力的东西，所以只能通过善意的和专业的培训来改善教育，而不是通过指责和发怒。"① 家长应主动学习红色文化知识，了解革命历史、英雄人物和他们的英勇事迹。通过阅读红色书籍、观看红色影视作品等方式，与孩子一起感受那段激情燃烧的岁月，不断深化对红色文化的理解和感悟。在日常生活中，家长要践行红色精神，如爱国主义精神、艰苦奋斗精神、无私奉献精神等。通过实际行动，为孩子树立榜样，让他们看到红色精神在现实生活中的体现。家长还可以在家庭环境中营造浓厚的红色文化氛围，例如布置一些与红色文化相关的装饰、悬挂革命领袖的画像、摆放革命历史书籍等。只有家长自身做好榜样和示范，才能引导孩子更好地了解和认同红色文化，让红色基因代代相传。

---

① ［德］劳夫：《理解教育》，刘丽等译，龙门书局2011年版，第16页。

（三）实践：体验与感悟

实践是指人们改造客观世界的一切物质性活动。这种活动具有直接现实性，是人们认识世界和改造世界的桥梁。在实践中，人们可以创造出新的物质财富和精神财富，推动社会不断向前发展。实践还具有社会历史性，不同的历史时期和不同的社会背景下，实践的内容和形式也会有所不同。可以说，实践是一个广泛而深刻的概念，它涵盖了人类活动的多个方面。

实践是连接理论与现实的桥梁，是知识转化为能力的必经之路。它不仅仅是一种行动，更是一种深刻的体验与感悟。实践可以让那些曾经看似抽象、枯燥的理论知识变得生动而具体，通过亲身体验和动手操作来验证理论的正确性，加深对知识的理解。它有助于培养人们解决问题的能力，提高创新思维，并且能够更好地适应社会和工作环境。实践是检验真理的唯一标准，通过实践，人们能够发现新问题，提出新观点，推动社会的发展和进步。

红色文化实践作为一种独特的学习与体验方式，不仅可以让孩子深入了解党的光辉历程和革命先烈的英勇事迹，更能让他们在心灵深处激起强烈的共鸣与感悟。当前，家庭教育传承红色文化的实践活动是弘扬红色精神、培养青少年爱国情怀的重要途径。这些活动通过多种形式，将红色文化融入家庭教育的日常之中，不仅丰富了家庭教育的内容，也增强了家庭成员对红色文化的认同感和传承意识。

1. 开展红色文化主题亲子活动

家长组织亲子共同参与的红色文化主题活动，如参观红色教育基地、观看红色电影、阅读红色书籍、分享红色故事等。这些活动旨在通过亲子互动，增进家庭成员之间的情感交流，同时加深对红色文化的理解和感悟。如开展"学习红色精神，共筑红色记忆"活动，通过视频、图片等形式讲述红色故事，引导亲子共同阅读并分享红色历史，激发孩子们的爱国情怀和责任感。

2. 将红色文化活动融入家庭教育实践活动中

在传统节日和重大纪念日，如清明节、国庆节等，组织家庭开展红色文化教育活动。通过扫墓、祭奠先烈、观看阅兵式等方式，让家庭成员在庄重的氛围中感受红色文化的厚重和伟大。鼓励家庭成员参与社会公益活动，如志愿服务、关爱老人、帮助困难群体等。通过实际行动践行红色精神，培养家庭成员的社会责任感和奉献精神。

3. 利用线上平台传播红色文化

依托互联网和新媒体技术，建立红色文化线上学习资源库，包括红色故事、视频、音频、图片等多种形式的学习材料。家长和孩子可以通过线上平台自主学习红色文化，实现资源共享和互动交流。利用社交媒体、在线教育平台等线上渠道，开展红色文化主题互动活动，如线上知识竞赛、红色故事分享会等。通过线上互动,增强家庭成员对红色文化的兴趣和参与度。

三、家庭教养方式对传承红色文化的影响

家庭教养方式是指父母通过养育行为传递给儿童并能被感知到的家长态度和情感氛围,通常由教养信念、目标、风格和实践组成。这些方式对孩子的成长和性格发展有着深远的影响。家庭教养方式可以被划分为多种类型,其中最为常见的是权威型、专制型、溺爱型和忽视型四种。

权威型教养方式强调父母在孩子生活中的指导作用,同时给予孩子足够的自主权和表达意见的空间。在这种教养方式下,父母通常会设定清晰的规则和期望,同时也会倾听孩子的想法和感受,以确保规则的合理性。权威型父母倾向于对孩子进行积极的引导,而不是简单的命令或惩罚。他们努力在控制与自由之间找到平衡,既不放任孩子,也不过度限制,旨在培养孩子的责任感、独立性和自我调节能力。专制型教养方式则表现为父母对孩子要求极高,平时对孩子也非常严格,要求孩子对自己绝对服从。稍微有一点不如意,就会打骂和惩罚孩子。在这种教养方式下,孩子可能会表现得"很听话",在学校中也可能有较好的表现,但容易失去自我,形成对抗、自卑、焦虑、退缩、依赖等不良的性格特征。溺爱型教养方式中,家长对子女拥有无限的期望和爱,几乎不给子女设什么条条框框,尽可能满足孩子的一切要求。这种教养方式容易导致孩子变得依赖、任性、冲动,更容易出现情绪管理的问题,如易怒、暴躁等。忽视型教养方式则表现为父母对孩子既缺乏爱的情感和积极反应,又缺少行为上的要求和控制。他们不关心孩子的成长,不会对孩子提要求,对孩子冷漠,缺少教育孩子的热情。在这种教养方式下长大的孩子很容易产生自卑感,甚至会觉得"父母不关注我是我的错",同时也会影响到他们与外界的关系。

家庭教养方式的重要性不言而喻。它不仅关系到孩子的性格形成和心理健康,还直接影响到他们的未来发展。家庭中的父母教养方式作为一种重要的教育关系,是红色文化传承的关键情感背景。它主要通过两条途径影响红色文化的传承:一是它凭借建立亲子之间的交往互动关系,营造家庭教养氛围,对子女红色情感的培育产生潜移默化的影响。二是父母由其身份角色所伴随而来的榜样作用,他们在教养过程中所展现出的各种行为模式,都是子女模仿的对象,进而反映到子女行为处事的各个方面之中。总体而言,积极的家庭教养方式对青少年红色文化的传承具有促进作用。它营造了一种温馨、和谐、关爱的教育氛围,子代在体验到良好亲子关系的基础上,感受到父母的理解、温暖和关怀,对红色文化产生认同,并将其泛化到爱国主义情感、高尚情操的培育等之上。

第二节　家庭教育中传承红色文化面临的困境

当前,家庭作为文化传承的重要载体,面临着红色文化传承的诸多困境,主要表现在社会环境变迁带来的挑战、家庭教育中重智育轻德育取向增长,以及西方意识形态的渗透等。这些困境不仅影响了红色文化的有效传递,也削弱了下一代对国家和民族历史的认同感,是当前迫切需要解决的重大问题。

一、社会环境变迁带来的挑战

随着社会的快速发展,社会结构发生了深刻的变化。传统社区和家族结构逐渐解体,人们的居住方式和社交方式也变得更加多元化和分散化。这种变迁使得红色文化的传统传承方式如家族传承、社区传承等,面临着巨大的挑战,红色文化的故事、传统和习俗难以在新的社会结构中有效传递和保持。

(一) 文化多样性与选择增多

文化多样性指的是全球范围内各种文化的并存和相互影响,这些文化在语言、宗教、习俗、价值观、艺术表达以及生活方式等方面展现出丰富多样的特征。

文化多样性丰富了人们的精神世界和物质生活。不同的文化带来了不同的思考方式和审美观念,使得人们能够接触到更广泛的知识、艺术和思想。这种丰富性不仅拓宽了人们的视野,也满足了人们多样化的精神需求。同时,在文化多样性的背景下,各种产品和服务也呈现出多元化的特点,满足了人们多样化的物质需求。

文化多样性促进了选择和创新的增加。在多元化的文化环境中,人们可以更加自由地选择自己感兴趣的领域、职业和生活方式。这种选择的自由性激发了人们的创造力和创新精神,推动了各个领域的发展和进步。例如,在艺术创作领域,不同文化之间的交流和融合催生了新的艺术形式和表现手法;在商业领域,不同文化背景下的市场需求推动了产品和服务的创新和发展。

然而,文化多样性与选择增多也带来了一定的挑战。在众多的选择面前,人们可能会感到迷茫和困惑,不知道如何做出正确的选择。同时,不同文化之间的碰撞和融合也可能引发文化冲突和认同危机。这种文化多样性虽然丰富了人们的精神生活,但也使得红色文化在众多的文化形态中面临着被边缘化的风险。年轻一代在众多的文化选择中,可能会更倾向于追求新颖、时尚的文化形式,而忽视了红色文化所蕴含的历史价值和精神内涵。

(二) 社会价值观的变化

社会环境变迁往往伴随着社会价值观的转变。社会价值观是人们对好坏、得失、善恶、美丑等价值的立场、看法、态度和选择，是主体以自身的需要为标准，对外在于自身的事物或现象所蕴含意义的认识和评价。随着时代的发展，社会价值观也在不断地演进和重塑。

随着市场化、工业化和城市化的推进，社会成员的发展机会和路径日益多样化，导致价值观念的多样化和复杂化。个人成功标准不再单一，而是分化为多种形式，如发家致富，成为明星、精英等。从过去注重组织评价转向现在重视自我评价、"粉丝"评价、媒体评价，更加重视物质效果。随着社会阶层的分化和新的社会阶层结构的形成，不同阶层之间的价值取向出现分歧。经济全球化和市场化进程的加速，使得人们更加注重个人利益和经济效益。这种变化在一定程度上推动了社会的进步和发展，但也带来了一些负面影响，如贫富差距的扩大、社会矛盾的加剧等。

社会价值观的多样化使得一些基本的道德判断被模糊，如善恶、美丑界限被混淆，这可能对红色文化的传承造成一定的冲击。在市场经济和全球化的大背景下，人们的价值观念逐渐多元化，对红色文化的认同感和归属感可能有所减弱。一些人可能更加注重个人利益和经济收益，而忽视了红色文化所倡导的集体主义精神和爱国情怀。在多元价值观的冲击下，部分人对革命历史、红色文化的认知可能淡化，甚至产生怀疑和否定。这些价值观的变化都对红色文化的传承构成了挑战。

（三）红色文化传承土壤的消解

红色文化是在特定的历史背景和社会环境中形成的，它依赖于一定的文化传承土壤。然而，随着社会环境的变迁，这种传承土壤正在逐渐消解。例如，由于缺乏足够的文化保护意识，许多红色文化遗址和遗迹因年久失修或保护不当而逐渐荒废，一些珍贵的红色资源遭到损毁或破坏。这不仅损害了红色文化的物质载体，也影响了其传承的连续性和完整性。同时，一些传统的红色文化活动也由于缺乏支持和参与而逐渐消失。在市场经济的背景下，部分人群可能更注重短期经济利益，而忽视了红色文化所承载的精神价值。这种功利心态在一定程度上消解了红色文化的崇高性，使其难以深入人心。

随着科技的进步和媒体的发展，文化传播的方式发生了深刻变革。传统的口耳相传、书籍阅读等传播方式已经无法满足现代人的需求。数字时代的信息爆炸使得人们面临前所未有的信息过载问题，同时信息的碎片化也加剧了认知的浅薄化。这种情况下，红色文化的深度传播和系统性学习变得尤为困难。网络空间充斥着各种文化形态和价值观念，其中不乏对红色文化的曲解和误读。这些负面信息可能误导公众对红色文化的认知，进而削减其传承的土壤。

（四）青少年对红色文化的认知不足

青少年是红色文化传承的重要力量。然而，由于历史原因和教育方式的不正确，一些年轻人对红色文化的认知存在不足。他们可能不了解红色文化的历史背景、精神内涵和现实意义，难以对红色文化产生认同感和归属感。这导致红色文化在年轻一代中的传承面临挑战。

教育学认为，越是离受教育者心理距离近的东西越能够引起受教育者的兴趣。红色文化资源的主体是革命斗争时期形成的精神及其载体，集中反映了革命战争年代血与火的历史，它所依赖的是那个时代的历史。红色文化的历史特性，导致其与青少年的学习生活实际存在着距离，这也正是产生"红色文化过时论""红色资源无用论"等错误观念的原因。

在当今社会，信息的获取渠道极为丰富，年轻人面临的选择也更多样化。他们可能更倾向于关注流行文化、社交媒体、网络热点等现代元素，而对于历史、红色文化等传统内容关注较少。与老一辈相比，青少年的生活环境发生了巨大变化。他们没有经历过战争、贫困等艰苦岁月，因此对红色文化背后的历史背景和深刻内涵缺乏直观感受和正确认知。

二、家庭教育中重智育轻德育取向增长

当前在家庭教育中，重智育轻德育的取向日益明显，这是一个值得深思和关注的现象。随着社会的快速发展和竞争的加剧，家长们普遍对孩子的学业成绩寄予厚望，希望他们能在激烈的竞争中脱颖而出。这种期望在一定程度上推动了家庭对智育的重视，但同时也导致了对德育的忽视。

在家庭教育中，智育和德育是相辅相成的两个方面。智育主要是指对孩子智力、知识、技能等方面的培养，而德育则侧重于对孩子道德品质、行为习惯、价值观念等方面的塑造。两者都是孩子全面发展的重要组成部分，缺一不可。在家庭教育中传承红色文化主要指的是德育。

然而，在现实生活中，许多家长往往过于注重孩子的学业成绩，将大量的时间和精力投入到智育方面，而忽视了德育的重要性。他们认为只要孩子学习成绩好，将来就能有好的出路和发展，而道德品质、行为习惯等方面的培养则相对次要。这种观念在一定程度上导致了家庭教育中重智育轻德育的取向增长。从"疯狂的校外补习""家长教育焦虑症"到教育"剧场效应"的社会热议都指向了当代中国家庭教育中的常见问题，这些问题折射出中国家庭担当重大教育责任的能力和信心不足。有研究者把当前家长的"教育焦虑症"认定为一种群体性焦虑，并进一步解读为三个核心的表现：因"教育落后"的持续恐慌、因"教育重负"的压力和因"教育无用"的担忧。①

---

① 陈华仔、肖维：《中国家长"教育焦虑症"现象解读》，载《国家教育行政学院学报》2014年第2期，第18-23页。

重智育轻德育的家庭教育取向给孩子的成长和发展带来了诸多不利影响。首先，它导致孩子形成片面追求成绩、忽视全面发展的心态。这种心态会让孩子在成长过程中缺乏对其他事物的兴趣和关注，从而影响他们的综合素质和竞争力。其次，它导致孩子缺乏道德品质和社会责任感。如果孩子只关注自己的学业成绩，而忽视了对他人、对社会的关注和贡献，那么他们就很难形成正确的价值观念和道德观念，也难以承担起应有的社会责任。

红色文化作为中国革命和建设历程中的宝贵精神财富，其核心价值和道德观念需要通过家庭教育来传递给下一代。重智育轻德育的家庭教育取向对红色文化的传承带来了巨大挑战。

（一）红色文化传承空间的挤压

家庭教育作为教育的重要组成部分，本应承载着传承红色文化、弘扬革命精神的重要使命。然而在现实生活中，由于多种因素的影响，家庭教育中红色文化传承的空间正受到不同程度的挤压。

在当前社会，由于教育竞争的日益激烈，许多家长将关注点过多地放在了孩子的智力发展和学业成绩上，而忽视了德育的重要性。我国的应试教育体制在一定程度上也加剧了家庭教育中红色文化传承空间的挤压。在应试教育体制下，学生的学业成绩成为评价其优劣的主要标准，这使得家长和学生在家庭教育中不得不将大量时间和精力投入应试科目的学习中。例如，家长可能更关注孩子是否掌握了某个知识点，而忽视了通过红色文化来培养孩子的道德品质、爱国情怀和革命精神。因此，即使家长意识到红色文化的重要性，也可能因为应试压力而不得不将其放在次要位置。这种重智育轻德育的教育观念，使得家庭教育中红色文化的传承空间被大大压缩。由于家庭教育中德育的缺失，红色文化等具有深刻内涵和道德教育意义的内容难以在家庭中得到有效传承。

（二）红色文化传承方式的单一

红色文化的传承需要多样化的方式和途径，包括家庭教育、学校教育、社会教育等。然而，在家庭教育重智育轻德育的背景下，红色文化的传承方式往往被简化为单一的知识灌输，缺乏情感培育和实践体验。这种单一的传承方式难以激发孩子们对红色文化的兴趣和认同感。

目前，许多家庭在传承红色文化时，主要依赖于传统的讲述方式，如家长口头讲述革命故事、观看红色影视作品等。这些方式虽然经典，但缺乏创新和互动性，难以持续吸引孩子的兴趣和注意力。除了传统的讲述和观看方式外，家庭在红色文化传承上缺乏多样化的教育手段。例如，利用现代科技手段，如虚拟现实（VR）、增强现实（AR）技术等进行沉浸式体验、组织红色主题活动等新颖方式尚未得到广泛应用。还有部分家庭在红色文化传承上面临教育资源有限的困境。他们可能无法获取丰富的红色文化资源，也无法为孩子提供多样化的学习体验。

单一的传承方式容易使孩子对红色文化产生厌倦感，降低他们的学习兴趣和积极性。缺乏多样化的教育手段，孩子可能无法全面、深入地理解红色文化的内涵和价值。因此，单一的传承方式难以形成持久的红色文化影响力，可能导致红色精神的传承效果大打折扣。

（三）红色文化传承效果的弱化

由于家庭教育中德育的缺失和传承方式的单一，红色文化的传承效果往往不尽如人意。孩子们可能只是机械地记住了一些红色文化的相关知识，但并未真正理解和内化红色文化的精神内涵和价值追求。这种浅尝辄止的传承方式难以达到红色文化传承的目的和效果。

随着社会经济的快速发展，家庭结构发生了显著变化。核心家庭（由父母和未结婚的子女构成）已成为我国主要的家庭类型。这种家庭结构人数少、结构简单，如果子女结婚就会组成新的家庭。家庭背景是影响红色文化传承效果的重要因素。父母的职业、受教育程度、经济状况以及家庭所在地等都会影响孩子对红色文化的认知和接受程度。例如，家庭经济条件较好的家庭可能更有机会带孩子参观红色景点、观看红色电影，从而增强孩子对红色文化的认同感。然而，对于经济条件较差的家庭来说，这种机会则相对较少。在这种家庭环境中，对红色文化有着深刻认知的家庭成员也越来越少，导致红色文化的代际传递效果逐渐弱化。

此外，随着经济全球化和文化多元化的发展，西方文化以及现代流行文化对青少年产生了较大影响，这在一定程度上冲淡了红色文化的影响力。现代生活节奏加快，家长忙于工作，可能没有足够的时间和精力去向孩子传授红色文化知识。还有一些家长对红色文化的重要性认识不足，没有意识到将其融入家庭教育的必要性。总的来说，在当前的家庭教育实践中，红色文化的传承效果弱化，不尽如人意。

三、西方意识形态的持续渗透

西方意识形态的持续渗透是一个复杂的现象，它涉及文化、政治、经济等多个层面。在全球化的背景下，西方国家通过媒体、教育、互联网等渠道传播其价值观念和生活方式，影响其他国家和地区的社会思潮和公众意识。这种渗透可能表现为对民主、自由、人权等概念的推广，也可能体现在对市场经济和消费文化的倡导。习近平总书记指出："国内外敌对势力往往就是拿中国革命史、新中国历史来做文章，竭尽攻击、丑化、污蔑之能事，根本目的就是要搞乱人心，煽动推翻中国共产党的领导和我国社会主义制度。"① 西方意识形态渗透往往伴随着多元化价值观的传播，如个人主义、自由主义等。这些价值观与红色文化所强调的集体主义、爱国主义等观念存在很大的差异。当家庭成员，尤其是青少年在接触和接受这些西方价值观时，可能会感到困惑和迷茫，进而对家庭教育中的红色文化基因传承产生怀疑或抵触情绪。

在政治领域，西方意识形态的渗透往往伴随着对所谓民主、自由、人权等价值观的推广。在他们的话语体系里，这些价值观在一定程度上具有迷惑性，往往被用作干涉他国内政、颠覆他国政权的工具。一些西方国家通过资助非政府组织、媒体机构等方式，在他国推动所谓的"民主化"进程，试图按照自己的意愿塑造他国的政治格局。

在经济领域，西方意识形态的渗透则表现为对市场经济、自由贸易等理念的表面推崇。这些理念在一定程度上促进了全球经济的繁荣和发展，但也可能导致资源分配不均、贫富差距扩大等问题。实际上，一些西方国家还通过经济制裁、贸易壁垒等手段，维护自己的经济利益，同时打压他国的经济发展。

在文化领域，西方意识形态的渗透更是无处不在。从好莱坞大片到流行音乐，从时尚潮流到生活方式，西方文化在全球范围内产生了广泛的影响。这种影响不仅改变了人们的审美观念和消费习惯，还深刻影响着人们的思维方式和价值观念。一些西方国家通过文化输出和软实力建设，试图在全球范围内推广自己的文化理念和价值观念。

西方的意识形态渗透与其享乐主义、金钱拜物主义携手，诱导人们以"为了以后能过上富足充裕的生活"为目的进行家庭教育，而不是为国家、民族的崛起而读书，导致为一家一族争荣誉、谋富贵的自私自利意识滋长，明显地排斥了红色文化基因的共产主义理想信念、人民至上的价值取向和志存高远的气节风骨等因素，不利于家庭教育中红色文化基因的传承，影响了社会主义意识形态功能的发挥。

---

① 中共中央党史研究室：《历史是最好的教科书：学习习近平同志关于党的历史的重要论述》，载《中共党史研究》2013年第9期，第5-9页。

第五章 家庭教育传承红色文化的对策探讨

前面几章讨论和分析了家庭教育中红色文化传承的现状和困境，本章探讨基于家庭教育的传承红色文化的相关对策。在确认家庭教育传承红色文化的基本原则的基础上，提出家庭教育传承红色文化的总体要求。与此同时，从社会大教育格局出发，结合当前红色文化的传承现实，在分析学校、社会、网络对家庭德育影响的基础上，探索以家庭教育为着力点、全社会合力共谋的红色文化传承路径。

第一节 家庭教育传承红色文化的基本原则

原则是人们在做具体工作时应遵循的基本要求与规定，它是人们实现预定目标的有效保证。家庭教育传承红色文化的基本原则是指在家庭教育中为了更好地达到红色文化传承的效果所必须遵循的法则或标准。

一、方向性原则

方向性原则是指在进行任何活动或制定任何策略时，都应明确目标、方向，并始终保持一致性，以确保最终达成预定目标。具体来说，方向性原则要求我们在制定教育政策、设计教学方案、实施教学活动时，都要有明确的指导思想和方向。这些方向应与国家的法律法规、教育方针相一致，同时也要符合孩子的身心发展规律和个性特点。

在家庭教育中传承红色文化，方向性原则起着至关重要的指导作用。这些原则不仅有助于确保红色文化的有效传承，还能促进家庭成员在价值观、道德观等方面的全面发展。基于家庭教育的红色文化传承的正确方向应是在坚持以马克思主义基本理论为指导地位的前提下，密切联系我国家庭教育的实际情况，坚持社会主义方向，坚持中华文化的立场。

（一）坚持社会主义方向

"中国特色社会主义发展到今天，我们取得了更大的胜利，但是国内外各种敌对势力从来没有放弃过对我们的渗透与颠覆，如果没有坚定对马克思主义、社会主义和共产主义的理想信念，就会出现危及国家安全和社会安全的重大危机。"① 我国是社会主义国家,坚持社会主义方向是家庭教育中必须始终坚守的原则。坚持社会主义方向要求我们在家庭教育中要始终坚持党的领导,加强党的建设,确保党始终是中国特色社会主义事业的坚强领导核心。党的领导是中国特色社会主义最本质的特征,是国家发展进步的根本保证。在家庭中,父母通过自己的言行教育子女理解和支持党的领导,培养子女的国家观念和集体主义精神,鼓励孩子学习党的理论和路线方针政策,积极参与社会活动,为国家的发展贡献自己的力量。

(二)坚持马克思主义理论的指导

习近平总书记指出:"马克思主义是科学理论,具有强大真理力量。马克思主义指导我们找到了我国革命、建设、改革的正确道路,给我国社会带来深刻变革,给中国人民带来巨大福祉。"② 马克思主义是经过历史和实践检验的关于自然、社会和思维的正确理论。在当代中国,坚持马克思主义理论的指导,就是要坚持和发展中国特色社会主义。要以习近平新时代中国特色社会主义思想为指导,全面贯彻党的基本理论、基本路线、基本方略,坚持党的领导、人民当家作主、依法治国有机统一,坚定不移走中国特色社会主义发展道路。在家庭教育中进行红色文化传承的实践活动时,应时刻坚持马克思主义辩证唯物主义观点,承认红色文化的客观现实性、阶级性、历史性和相对独立性,旗帜鲜明地以唯物论、辩证法、社会实践和主观能动性为思维立场,坚决反对唯心主义、折中主义、机械唯物主义等不良观点的出现。

(三)坚持中华优秀传统文化立场

中华优秀传统文化源远流长、博大精深,蕴含着丰富的历史智慧和人文精神。习近平指出:"中华优秀传统文化是中华民族的精神命脉,是涵养社会主义核心价值观的重要源泉,也是我们在世界文化激荡中站稳脚跟的坚实根基。"③ 中华文化在漫长的历史进程中形成了许多优秀的传统和美德,如尊老爱幼、勤俭节约、诚实守信等。坚持中华优秀传统文化立场,是我们作为中国人应有的文化自觉和文化自信。红色文化是中华优秀传统文化的重要组成部分,红色传统和红色精神是我们民族的精神财富和道德基石。全球化背景下,文化交流互鉴日益频繁,我们不仅要在日常家庭生活和工作中积极践行和传承红色文化,还应该积极向世界展示红色文化的魅力和价值,推动红色文化的国

---

① 周静、陈再生:《习近平关于红色基因传承的重要论述及时代价值》,载《党史研究与教学》2020年第4期,第4-9页。

② 中共中央文献研究室:《习近平关于社会主义文化建设论述摘编》,中央文献出版社2017年版,第99页。

③ 习近平:《论党的宣传思想工作》,中央文献出版社2020年版,第114页。

际传播和交流。通过加强与国际社会的沟通和合作，让更多的人了解和认同红色文化，从而增进不同文化之间的理解和尊重。

二、目标性原则

目标性原则是指导我们行动的重要原则。它要求我们在做任何事情时，都要有明确的目标，并且所有的行动都应该围绕这个目标进行。这种原则确保了我们不会偏离方向，能够集中精力去达成我们想要的结果。在家庭教育中传承红色文化要达到的目标有三个：传承红色家风、培育社会主义核心价值观、培养社会主义接班人。

（一）传承红色家风

红色家风是指在中国共产党领导下的革命家庭所传承的优良传统和家教家风。它强调的是对革命先辈的崇敬、对革命理想的坚定信念、对革命事业的无私奉献以及对社会主义核心价值观的践行。红色家风倡导家庭成员之间相互支持、相互帮助，共同维护家庭的和谐与团结，同时注重培养下一代的爱国情怀和革命精神。重视家风家教是中国共产党的优良传统，习近平总书记明确提出要"继承和弘扬革命前辈的红色家风"[①]。红色家风是中国共产党革命实践的智慧结晶，体现着中国共产党人的风骨、信仰和道德品质。在新时代背景下，红色家风的传承和发展对于弘扬社会主义核心价值观、构建和谐社会具有重要意义。

在家庭教育中传承红色文化的目标就是形成红色家风并传承下去。红色家风源自革命年代的烽火岁月，是无数英勇家庭留给后人的宝贵财富。它不仅仅是一种家庭文化的传承，更是对革命精神、爱国情怀的深刻体现。红色家风强调家庭成员间的相互尊重、理解与支持，倡导勤俭节约、艰苦奋斗的生活态度，以及勇于担当、无私奉献的社会责任感。传承红色家风，是我们每个家庭应当肩负的重要使命。在传承红色家风的过程中，我们需要注重家庭教育的引导。父母作为孩子的第一任老师，其言行举止会对孩子产生深远的影响。因此，我们要以身作则，用自己的实际行动来诠释红色家风的精神内涵，让孩子在耳濡目染中接受红色文化的熏陶。只有这样，我们才能让红色文化在我们的家庭中代代相传、发扬光大。

（二）培育社会主义核心价值观

社会主义核心价值观是当代中国精神的集中体现，涵盖了国家、社会、个人三个层面的价值追求。国家层面倡导富强、民主、文明、和谐，旨在实现国

[①] 习近平：《习近平谈治国理政》（第2卷），外文出版社2017年版，第356页。

家的繁荣富强和人民的幸福安康；社会层面强调自由、平等、公正、法治，以构建公正合理的社会关系和良好的社会秩序；个人层面则注重爱国、敬业、诚信、友善，倡导积极向上的个人品德和社会风尚。这些价值观相互贯通，共同构成了社会主义核心价值观的丰富内涵。

家庭教育是社会主义核心价值观传播和实践的重要阵地。在家庭教育中，应当以社会主义核心价值观为价值导向，引导家庭成员，特别是青少年树立正确的世界观、人生观和价值观。例如，培养家庭成员的国家意识和民族自豪感，弘扬爱国主义精神；强调集体利益高于个人利益，培养家庭成员的团队协作精神和社会责任感；普及法律知识，增强家庭成员的法治观念和法律意识；倡导诚实守信、公平正义、友善互助等社会主义道德规范；传承中华优秀传统文化，弘扬社会主义先进文化，提升家庭成员的文化素养等。通过家庭教育，可以有效地将社会主义核心价值观内化为家庭成员的自觉行动，为构建和谐社会奠定坚实的基础。

（三）培养社会主义接班人

培养社会主义接班人是指通过教育和实践活动，培养具有高超能力和高尚品德、能够继承和发展社会主义事业的年轻一代。这包括加强思想政治教育，提高他们的政治觉悟和道德品质，同时注重培养他们的创新能力和实践能力，使他们能够适应社会主义现代化建设的需要，为实现中华民族的伟大复兴贡献力量。

习近平总书记指出，要立志于中华民族千秋伟业，必须"培养一代又一代拥护中国共产党领导和我国社会主义制度、立志为中国特色社会主义事业奋斗终身的有用人才"[1]。培养社会主义接班人是家庭教育的目标，这要求家长在日常生活中注重孩子的思想道德建设，引导他们树立正确的世界观、人生观和价值观。家长应该通过自己的言传身教，教育孩子热爱祖国、尊重法律、勤奋学习、诚实守信、团结友爱、勇于创新。同时，家庭教育还应注重培养孩子的社会责任感和集体荣誉感，使他们能够在未来成为对社会有用的人才，为社会主义现代化建设贡献力量。家庭教育应坚持为人民服务，将红色文化的传承与培养家庭成员的社会责任感、爱国情怀相结合，让青少年成为社会主义事业的积极建设者和接班人。

三、情感性原则

情感性原则原本是一种设计理念，它强调在产品或服务的设计过程中，需要充分考虑并尊重用户的情感体验。这意味着我们不仅要关注产品或服务的功

---

[1] 习近平：《习近平谈治国理政》（第3卷），外文出版社2020年版，第328-329页。

能性和实用性，更要注重它们如何与用户产生情感上的共鸣和连接。通过运用情感性原则，我们可以创造出更加人性化、有温度的产品或服务，从而激发用户的积极情感反应，提升他们的满意度和忠诚度。

在家庭教育中传承红色文化是一种充满情感的实践活动。在家庭环境中，父母与孩子之间通过情感交流和情感支持来实现红色文化的传承。情感性教育强调的是亲子之间的情感联系和情感互动，它包括了爱的表达、情感的理解与共鸣，以及情感的引导和教育。红色文化的传承不仅仅是理性化的知识，也包括感性的情感。苏霍姆林斯基认为，情感是道德信念、道德原则以及一切精神力量的核心和血肉，如果缺乏情感，道德就很有可能会成为枯燥空洞的大话，就只能培养出道德上的伪君子。情感是红色文化认知与红色文化践行的中介和必要条件。

（一）以情感人

以情感人，并非简单的情感宣泄，而是要通过细腻的情感描绘，触动人心最柔软的部分。无论是文字、声音还是肢体语言，都应成为情感传递的媒介。我们需要用心去聆听他人的故事，感受他们的喜怒哀乐，然后用自己的方式，将这些情感真实而深刻地表达出来。

通过情感的传递，家长可以将红色文化的精髓和价值观融入日常的家庭教育中。例如，家长可以向孩子讲述革命先烈的英勇事迹和感人故事，通过这些故事传达红色精神和革命理想。组织家庭成员一起参观红色教育基地，如革命纪念馆、烈士陵园等，让孩子亲身体验红色文化的历史氛围。选择一些经典的红色影视作品，如《地道战》《闪闪的红星》等，与孩子一起观看，共同感受红色文化的魅力。在家庭中开展以红色文化为主题的活动，如红色歌曲合唱、红色知识竞赛等，增强家庭成员对红色文化的认同感和归属感。通过这些方式，家庭教育不仅能够传承红色文化，还能够培养孩子的爱国情感和社会责任感，春风化雨、润物无声地滋养孩子的心田，达到以情感人的效果。

（二）以情育人

以情育人是一种教育理念，强调在教育过程中注重情感的培养和情感教育的重要性。这种理念认为，情感教育是孩子全面发展的重要组成部分，它能够帮助孩子建立积极的人际关系，培养良好的社会适应能力，以及形成健全的人格。

以情育人是家庭传承红色文化的核心。红色文化作为我们民族的瑰宝，不仅承载着历史的记忆，更蕴含着坚韧不拔、勇于牺牲的革命精神。在家庭中，父母可以通过讲述先辈的英雄事迹、与孩子共同学习红色经典等方式，让红色文化成为家庭文化的一部分，让孩子在成长过程中自然而然地接受红色文化的熏陶。

情感是沟通的桥梁，也是文化传承的纽带。情感来源于日常生活，红色文化的传承需要嵌入日常生活的情感之中。家长可以通过自身的言行举止，表达对红色文化的尊重和热爱，激发孩子对红色文化的兴趣和认同。同时，家长还可以鼓励孩子参与红色文化的相关活动，如制作红色主题的手抄报、参加红色故事的演讲比赛等，让孩子在实践中深化对红色文化的理解和感悟。家庭教育不仅仅是知识的传授，更是情感和价值观的传递。通过以情育人的方式，我们可以让红色文化在家庭中生根发芽，成为孩子成长道路上的精神支柱和力量源泉。

（三）以情化人

以情化人是一种沟通和管理的策略，强调通过情感的交流和共鸣来影响和激励他人。这种方法认为，情感的力量可以促进人际关系的和谐，增强团队的凝聚力，激发员工的积极性和创造力，以提高工作效率。

在家庭教育的过程中，传承红色文化是一项重要使命。我们强调以情化人，通过情感的纽带，将红色文化的深刻内涵传递给下一代。马克思指出："一个本身自由的理论精神变成实践的力量，并且作为一种意志走出阿门塞斯的阴影王国，转而面向那存在于理论精神之外的世俗的现实，——这是一条心理学的规律。"[①] 从思想价值观念的附着与精神存续来看，红色文化要在青少年中实现薪火相传、精神永固，必须要通过情感传递达到心理认同才能实现。家长应成为红色文化的传播者和实践者，用生动的语言和真挚的情感，引导孩子们从红色文化中汲取智慧和力量，学会用红色文化的视角去审视世界、认识社会，成为有理想、有道德、有文化、有纪律的社会主义建设者和接班人。

第二节 家庭教育传承红色文化的总体要求

鲁洁教授指出："教育必须对网络社会所蕴含的人的生存和发展方式的重大变革具有深层次的认识，并据此对教育的地位、作用、目的等根本性问题作出新的思考。"[②] 当前新形势下，家庭教育、红色文化的环境和背景都发生了重大变化，因此必须对家庭教育中红色文化传承的总体要求做出新的思考和认识。

[①] 中共中央马克思恩格斯列宁斯大林著作编译局：《马克思恩格斯全集》（第40卷），人民出版社1982年版，第258页。

[②] 鲁洁：《价值教育的当代论域》，人民出版社2005年版，第234页。

一、注重提升家庭教育的实效性

实效性是指某项措施、政策或行动在实施后能够迅速并有效地达到预期目标的能力。在工作和项目管理中,实效性是衡量工作效率和成果的重要指标,它要求在规定的时间内完成既定的任务,并确保结果符合预期的标准和要求。

家庭教育的实效性是指家庭在教育孩子的过程中所取得的实际效果和成果。家庭教育的实效性直接关系到孩子成长的质量和未来。为了提高家庭教育的实效性,家长需要关注以下三个方面。

(一)树立正确的家庭教育观念

树立正确的教育观念是培养全面发展的个体的关键。家长应当认识到教育不仅仅是知识的传授,更是能力、情感、价值观的培养;教育也不仅仅是学校的责任,家庭教育同样重要。每个孩子都是独一无二的,因此教育应当尊重个体差异,采用灵活多样的教学方法,以激发每个孩子的兴趣和潜能;注重实践与理论的结合,培养孩子的创新能力和批判性思维。并且,家庭教育应当是终身的,会影响孩子人生的全部阶段。

(二)营造良好的家庭环境

家庭环境是指一个人居住和成长的物理和社会环境,它包括家庭成员之间的关系、家庭的经济状况、居住条件、文化氛围,以及家庭成员的教育水平等因素。一个健康和谐的家庭环境能够为个人提供情感支持、安全感和积极的成长空间,对个人的心理发展和社会适应能力有着重要影响。相反,一个充满冲突、忽视或资源匮乏的家庭环境可能会对个人的成长产生不利影响。因此,营造一个积极的、具有支持性的家庭环境对于每个家庭成员的福祉至关重要。

营造良好的家庭环境需要从多个方面入手,例如:家庭成员之间应该保持开放和诚实的沟通,倾听彼此的想法和感受,尊重不同的意见和需求;家庭中的每个成员都应该承担一定的责任,无论是家务劳动还是照顾家庭成员,共同分担可以增强家庭的凝聚力;定期安排家庭活动,如一起吃饭、旅行或参加户外活动,这些共同的经历可以加深家庭成员之间的情感联系;为孩子提供一个有利于学习和成长的环境,包括提供必要的学习资源和鼓励孩子发展个人兴趣;保持家庭环境的整洁和有序,这不仅有助于身体健康,也能营造出一个舒适和愉悦的生活空间;等等。

(三)掌握科学的家庭教育方法

家庭教育方法是指家长在家庭环境中对子女进行教育和培养的一系列方式和手段。掌握科学的家庭教育方法对于孩子的成长和家庭的和谐至关重要。反之,有些家长采用不正确的家庭教育方法,包括过度溺爱、忽视孩子的情感需求、过分严厉的惩罚、缺乏一致性和连贯性、忽视孩子的兴趣和特长、过度控制孩子的行为、反对孩子的社交需求、不适当的比较和竞争、缺乏积极的鼓励和支持，以及忽略孩子的自主性和独立性等，都会对孩子的心理发展和行为模式产生负面影响。

科学的教育方法首先能够帮助家长更有效地与孩子沟通，理解他们的需求和感受，从而建立更紧密的亲子关系。其次，它还能够促进孩子全面发展，包括智力、情感、社交和道德等方面。再次，科学的家庭教育方法还有助于培养孩子的自主性和责任感，为他们将来独立生活和工作打下坚实的基础。最后，良好的家庭教育方法能够减少家庭冲突，创造一个更加和谐的家庭环境。

科学的家庭教育方法包括：榜样示范，家长自身的行为和态度是孩子最直接的学习榜样，通过展示良好的品德和行为习惯，影响孩子的成长；有效沟通，与孩子建立良好的沟通渠道，倾听他们的想法和感受，用理解、支持和建议来回应他们的需求；培养自主能力，鼓励孩子独立解决问题，让他们在做决策的过程中锻炼自主能力，同时也培养责任感；积极反馈，在孩子取得进步或完成任务时，给予及时的表扬和鼓励，让他们感受到自己的努力和成就被认可；共同学习，与孩子一起参与学习活动，不仅可以增强亲子关系，还能在互动中互相学习、共同成长。

二、满足青少年的内在需要

红色文化蕴含着丰富的革命精神和历史智慧，对于青少年形成正确的世界观、人生观和价值观具有重要作用。通过学习红色文化，青少年能够更好地理解国家的历史和文化，增强民族自豪感和爱国主义情感。在成长过程中，青少年需要榜样和精神指引，红色文化中的英雄故事能够为他们提供强大的精神动力和行为典范。在了解革命先辈的奋斗历程后，青少年能够更加明确自己的人生方向，为实现中华民族伟大复兴的中国梦贡献自己的力量。

青少年是红色文化传承的主体。日常生活的实用主义倾向决定了红色文化能真正深入人心的前提在于其能真正满足青少年的生活需要。红色文化必须嵌入日常生活的现实诉求，直面青少年所关注的现实热点和社会焦点。因此，传承红色文化对于满足青少年的内在需要至关重要。首先应当深入了解青少年的兴趣点和心理特点，从而设计出符合他们认知水平和接受习惯的红色文化教育内容。可以通过故事化、互动化的方式，让青少年在参与中感受到红色文化的魅力，激发他们对红色历史的兴趣和对革命先辈的敬仰之情。同时，利用现代科技手段，如虚拟现实（VR）、增强现实（AR）技术等，让红色文化教育更加生动、直观，增强体验感。此外，还应鼓励青少年参与红色文化实践活动，如参观革命遗址、参与红色主题的志愿服务等，通过亲身体验来深化对红色文化的理解和认同。通过这些方式，可以有效地将红色文化的精神内涵传递给青少年，满足青少年的内在需要。

三、促进人的自由全面发展

实现人的全面发展，是社会主义社会的本质要求和最高境界。马克思明确指出，"未来的新社会是以每个人的全面而自由的发展为基本原则的社会形式"①。人的自由全面发展是指个体在社会中能够全面地发展自己的潜能和能力，实现个性的自由和全面提升。这一概念强调个体在道德、智力、身体、审美等多方面的均衡发展，以及在社会生活中的积极参与和自我实现。它倡导通过教育、文化、经济和社会制度的完善，为每个人提供平等的发展机会，使人们能够根据自己的兴趣和能力，追求个人的幸福和社会的进步。

基于家庭教育的红色文化传承，要以促进人的自由全面发展为最终落脚点，实现个体利益与集体利益的辩证统一。在实践探索过程中，一方面，家长应通过树立正确的价值观和行为榜样，坚持以社会主义核心价值观作为价值导向，帮助孩子形成良好的道德品质和社会责任感，为我国社会主义建设服务，为培养社会主义现代化的合格人才服务；另一方面，家庭教育应注重个性化教育，尊重孩子的兴趣和特长，鼓励孩子探索自我、发展个性，从而促进其全面而自由地成长。

第三节　家庭教育传承红色文化的具体路径

新时代的青少年是在中国社会发展实现"富起来""强起来"的过程中成长起来的，他们没有经历过物质上的匮乏和生活上的磨炼，"勤俭节约""忆苦思甜"等家庭教育的红色优良传统悄然退出了历史舞台。此外，当前家庭教育中重智育轻德育取向增长，家长普遍关注孩子的考试分数、成绩排名，忽视孩子的道德培养和素质提升，也挤压了红色文化的传承空间。同时，网络媒介技术日新月异的发展，西方享乐主义、拜金主义等思想的持续渗透，都让家庭教育中红色文化的传承面临着严峻挑战。面对新形势、新问题，在家庭教育中传承红色文化不仅需要厘清"为什么""是什么"的问题，更需要探寻"如何传""怎么传"的具体实践路径。

---

① 中共中央马克思恩格斯列宁斯大林著作编译局：《马克思恩格斯全集》（第23卷），人民出版社1982年版，第649页。

一、坚持家庭教育的意识形态属性，构建红色文化传承的认同机制

马克思主义历史观告诉我们，家庭不是伴随着人类社会的出现而产生的。在漫长的原始社会，人们过着群居生活，财产共有，并没有家庭的概念。直到原始社会后期出现了私有制，产生了阶级和阶级社会，家庭作为人类社会演进的产物才正式登上历史舞台。如果说家庭的主要功能是繁衍后代、绵延种族这一人口再生产，家庭教育承担的则是促使其成员实现个体社会化这一社会生产的功能，即让家庭成员融入社会政治生活，以塑造其社会存在。实际上，在家庭教育中，德行、品格、情操等的培育就处处彰显着政治属性。家庭教育不仅是"家事"，更是"国事"。例如，家庭教育始终强调"明大德""先天下之忧而忧，后天下之乐而乐"，把"国家兴亡、匹夫有责"作为家庭教育的最高目标。从人类社会的历史来看，古往今来的家庭教育都不可能脱离阶级和政治属性而独立存在，都或多或少地发挥着重要的政治功能，都是为本阶级服务的。因此，可见，家庭教育绝非"私有化"，而是为本阶级服务发挥着重要的政治功能，具有明显的阶级性和政治性。

厘清家庭教育的意识形态属性，是构建传承红色文化认同机制的前提。正是因为家庭教育具有阶级性和政治性，才要求我们必须重视通过家庭教育这一方式来传承红色文化，增强青少年对党和国家的政治认同。那么如何在家庭教育中构建起传承红色文化的认同机制呢？

（一）红色文化认知是基础

红色文化认知涉及对红色历史、红色精神和红色传统的理解和认识。这种认知不仅有助于传承和弘扬革命文化，还能增强国民的历史责任感和使命感。通过学习红色文化，孩子可以更好地理解国家的发展历程，以及在不同历史时期形成的宝贵精神财富。认知心理学研究表明，认知是人类认识活动的起点。红色文化认知是对红色文化的内容体系、创造主体、发展路径、价值取向进行认识、理解和掌握的过程，它重在解决孩子必须要知道红色文化是什么的问题。文化认知是文化认同的先导性条件，是文化自信的源头活水。

（二）红色文化认同是关键

红色文化认同是指个体或群体对红色文化的价值观、历史、传统和精神内涵的认同和接受。红色文化主要指在中国共产党领导下，特别是在革命和建设时期形成的一系列文化现象和文化成果。它包括革命历史、英雄人物、革命精神、革命歌曲、红色故事、红色遗址等。红色文化认同不仅体现在对这些文化元素的了解和尊重上，还体现在将这些文化精神内化为个人行为准则和价值追

求,以及在现代社会中传承和发扬这些文化精神上。红色文化是中国共产党和中国人民在长期的革命斗争实践中创造的先进文化,蕴含着丰富的革命精神和厚重的历史文化内涵,其形成和发展的历程本身就是一部中国人民在中国共产党领导下顽强拼搏、不怕牺牲,不断争取民族独立、人民解放和国家富强的奋斗史,也是一部革命文化形成与发展的进步史。孩子对红色文化认同意味着对红色文化的内容体系、逻辑体系、思想体系、价值体系做出了肯定性的价值判断,是一种认可、赞成、支持的态度行为,是新时代构建坚定红色文化自信的底气所在和活力源泉。

(三) 红色文化内化是根本

红色文化内化是指将红色文化的核心价值观念、革命精神和道德规范等融入个人的思想意识和行为习惯中,使之成为人们自觉遵守和践行的内在要求。这一过程通常涉及教育、宣传、文化活动等多种方式,目的是让红色文化的精髓得以传承和发扬,从而在全社会形成积极向上、勇于奉献的精神风貌。文化内化是文化认知与认同发展的结果和根本落脚点。孩子只有将红色文化的精神内涵内化为发自内心的价值判断标准,形成稳定持久的价值判断,才能真正实现红色文化的"入脑入心"。可见,红色文化的认同机制是一个从红色文化认知、红色文化认同到红色文化内化的不断升华的过程。

二、重视家庭教育的日常生活功能,创新红色文化传承的实践机制

日常生活是人们进行各种各样社会活动的土壤,更是家庭教育的基本场域。赫勒指出,日常生活为人们提供了安全感、舒适感、亲近感和"在家"的感觉,是人类生存发展的意义支点和精神家园。[①] 可以说,日常生活领域是其他一切社会领域的根基。而红色文化作为一种抽象的、理论的文化形态,必须通过家庭教育嵌入孩子的日常生活才能顺利实现文化自觉和行为实践的转化。家庭教育的日常生活功能,启示我们可以从日常生活的角度来创新传承红色文化的实践机制。

(一) 将红色文化嵌入日常生活的现实诉求中

家庭中的日常生活充满了温馨与琐碎,它是每个人生活的重要组成部分。家庭日常生活包括许多方面,如家庭成员间的互动、家务管理、饮食安排、健康维护、教育子女、休闲娱乐等。在日常生活中,家庭成员需要共同分担家务,如打扫卫生、洗衣做饭、购物等。同时,家庭成员间的沟通和情感交流也

---

① [匈] 赫勒:《日常生活》,衣俊卿译,重庆出版社2010年版,第6页。

非常重要,这有助于增进理解和感情。教育子女是家庭生活中的重要部分,需要家长投入时间和精力。此外,家庭成员也需要安排适当的休闲活动,以放松身心,增进家庭成员之间的关系。

习近平总书记指出:"一种价值观要真正发挥作用,必须融入社会生活……与人们的日常生活紧密联系起来,在落细、落小、落实上下功夫。"[1]红色文化是中华民族的宝贵精神财富,它蕴含着丰富的革命历史、英雄事迹和革命精神。将红色文化融入日常生活,不仅是对历史的尊重,也是对精神的传承。在现实生活中,我们可以从以下五个方面着手:首先,教育引导是基础。家庭、学校和社会应当共同作用,通过教育让红色文化的理念和故事深入人心。家长可以给孩子讲述革命先烈的故事,学校可以组织参观革命历史博物馆,社会可以举办红色文化主题的展览和讲座。其次,实践活动是关键。通过组织红色旅游、红色夏令营等活动,让孩子亲身体验红色文化,感受革命先辈的英勇和牺牲精神。同时,鼓励孩子在重要节日参与纪念活动,如清明节扫墓、国庆节参观革命遗址等。再次,媒体传播是途径。利用电视、电影、网站等多种媒体形式,创作和传播红色文化相关的内容,如红色电影、电视剧、纪录片、微电影等,让红色文化以更加生动的形式走进孩子的日常生活。最后,创新融合是动力。将红色文化与现代生活相结合,创新性地开发红色文化产品和服务,如红色主题的文创产品、红色旅游路线、红色主题的网络游戏等,让红色文化在新时代焕发新的活力。通过这些方式,红色文化可以更好地融入孩子的日常生活,成为激励他们前行的精神力量。

(二)将红色文化嵌入日常生活的亲子活动中

亲子活动也称亲子教育,是由美国父母教育倡导者托马斯·高顿在20世纪30年代提出并被西方各国倡导的一种重要的家庭教育方式。[2]亲子活动是一种专为家长和孩子共同参与设计的活动,旨在促进家庭成员间的交流与合作,增强亲子关系,同时通过各种游戏和教育性项目,帮助孩子在情感、社交、认知和身体发展方面取得进步。这类活动通常包括户外探险、艺术创作、科学实验、体育运动等多种形式,既适合幼儿,也适合学龄儿童。通过亲子活动,家长可以更好地了解孩子的兴趣和需求,同时孩子也能在快乐的氛围中学习新技能和知识。

亲子活动可以强化父母和子女之间的情感联系,增进彼此的了解和信任,也是传承红色文化的重要方式。例如,选择一些适合儿童理解的红色故事,如《小兵张嘎》《鸡毛信》等,家长可以和孩子一起阅读,或者通过讲故事的方

---

[1] 习近平:《习近平谈治国理政》(第1卷),外文出版社2018年版,第165页。
[2] 台湾嘉义大学家庭教育研究所:《家庭教育学》,涛石文化事业有限公司2003年版,第16页。

式,让孩子了解革命先烈的英勇事迹和崇高品质;挑选一些适合全家观看的红色题材电影,如《闪闪的红星》《地道战》等,通过影视作品让孩子感受那个时代的氛围和精神;和孩子一起制作一些红色主题的手工艺品,如制作红军帽、五角星等,通过动手操作让孩子更直观地了解红色文化;教孩子唱一些经典的红色歌曲,如《没有共产党就没有新中国》《歌唱祖国》等,通过歌曲传递红色精神;组织家庭成员参与红色知识问答或竞赛,通过游戏的方式激发孩子对红色历史的兴趣;鼓励孩子画出他们心中的红色故事或场景,通过绘画表达对革命先烈的敬意和对红色精神的理解。

通过这些日常的亲子活动,家长可以将爱国主义短视频、音频、网络文章、微电影、纪录片等融入亲子游戏、亲子手工、亲子阅读、亲子厨艺、亲子音乐和亲子志愿者等活动项目中,让孩子们了解他们没有经历过的中国共产党带领中国人民浴血奋战的历史、艰苦创业建国的故事、改革开放社会发展的历程等,激发青少年爱党爱国的朴素感情,丰富他们的精神世界。

(三)将红色文化嵌入日常生活的研学实践中

近年来,旨在培养青少年的创新精神和实践能力的研学活动,越来越受到青少年和家长们的关注和喜爱。将红色文化融入日常生活的研学实践中,不仅能够加深我们对历史的理解,还能激发爱国情感,培养责任感和使命感。

1. 父母可以带孩子参加红色研学实践,传承红色文化

父母可以在周末、节假日、寒暑假带孩子参观革命遗址和瞻仰烈士陵园,或深入革命老区亲身了解和感悟中国革命历史,感受红色精神。习近平总书记指出:"革命博物馆、纪念馆、党史馆、烈士陵园等是党和国家红色基因库。"[①] 它们承载了感天动地的红色记忆,是固化的历史,具有不可替代性和不可再生性,必须格外珍视,全力保护,科学利用。开展红色主题研学旅行,策划前往红色革命老区的研学旅行,通过实地体验,学习革命历史,体验革命先辈的生活和战斗环境。还可以组织学生参与红色志愿服务活动,如帮助老红军、维护红色遗址等,将红色精神转化为实际行动。通过把青少年置身于生动真实的红色环境中,身临其境地了解红色人物、感知红色历史,让青少年在可触可感中追寻红色文化的源代码,深切体会革命前辈们崇高的革命精神和奉献精神,从而实现爱国主义精神的认同和升华。

2. 父母可以在一些重要的节日和青少年举行政治仪式,传承红色文化

教育人类学家武尔夫将仪式的功能定义为稳固秩序、认定身份、记忆、处

---

① 习近平:《用好红色资源,传承好红色基因,把红色江山世世代代传下去》,载《求是》2021年第6期,第1页。

理危机、魔幻力、处理差异等功能。① 2018 年通过的《中华人民共和国英雄烈士保护法》规定每年 9 月 30 日为烈士纪念日，国家在首都北京天安门广场人民英雄纪念碑前举行纪念仪式，缅怀英雄烈士。父母可以和青少年一起参加凭吊烈士、升国旗、入党宣誓等政治仪式，通过入党宣誓、过政治生日、敬献花篮等仪式环节，在仪式过程中凭吊和哀思革命英雄人物的悲壮经历与辉煌成就，产生价值认同、精神传承，传递红色文化的精神文化信息。正如仪式研究大师维克多·特纳所分析的那样，受教育者在通过仪式这一"阈限"后会发生思想观念、行为方式和身份认同等方面的转化。

三、尊重家庭教育的规律特点，创造青少年传承红色文化的情感机制

作为一种独立的教育形态，家庭教育有着自身的规律和特点。

第一，空间的私密性。人类的生存空间有两种：社会向心空间和社会离心空间，这两种空间是人的公共性与私密性心理在空间要求上的反映。与学校教育、社会教育相比较而言，家庭教育在空间上具有相对的私密性。因为家庭教育主要在家庭内部进行，这种以房屋为居住环境的空间具有相对的独立性和不被打扰性。家庭教育空间的私密性是指家庭成员在进行教育活动时所享有的不受外界干扰的独立空间。这种私密性对于家庭成员，特别是儿童和青少年的成长至关重要。它有助于保护家庭成员的个人隐私，促进家庭成员之间的信任和沟通，同时为学习和教育活动提供一个安静、专注的环境。

第二，行为的互动性。家庭教育是父母与子女两个主体在教学行动中进行的互动过程，包括语言互动、情感互动、行为互动等多种形式。家庭教育中的这种高度互动性是由父母和子女与生俱来的血缘性决定的。这种互动性不仅包括言语上的交流，也包括非言语的肢体语言、情感表达和行为示范等。有效的家庭教育互动能够促进家庭成员之间的理解、信任和尊重，有助于孩子形成积极的人际交往能力和健康的心理发展。在互动中，父母或监护人通过提问、讨论、游戏和共同活动等方式，激发孩子的思考和参与，使教育内容更加生动和易于接受。同时，互动性还意味着父母应倾听孩子的意见和感受，尊重孩子的个性和选择，从而建立一个开放的和具有支持性的家庭学习环境。亲子之间具有天生的、深厚的情感联结，这种情感的感染性能够在家庭教育过程中产生强烈的感化作用。

第三，天然的权威性。权威性是家庭中一个重要的概念，它涉及父母在教育子女时所持有的威信和影响力。父母的权威性通常基于他们的知识、经验、

---

① 滕星：《教育人类学通论》，商务印书馆 2017 年版，第 283 页。

责任感以及对子女的关爱。一个具有权威性的父母能够为孩子提供清晰的指导和界限，同时也能赢得孩子的尊重和信任。在培养孩子的过程中，父母的权威性有助于孩子形成良好的行为习惯及价值观，也有助于培养其社会技能。在个体社会化过程中，家庭的影响是最早的、最重要的因素。家长作为家庭生活的组织者、子女生活的依赖者，在子女心中具有较高的威望与话语权，因此能够凭借家长意志对子女言行进行教育和制约。当然，权威性并不意味着专制或过度控制，而是需要在关爱与指导之间找到平衡，以促进孩子的全面发展。

家庭教育的这些规律和特点，表明它是一种以情感为核心的教育。人们对于某一事物的认同，除却理性的因素外，情感的作用亦不可小觑。列宁就曾经指出："没有'人的感情'，就从来没有也不可能有人对于真理的追求。"[①] 在红色文化的传承中，要尊重家庭教育的这些规律特点，创造红色文化传承的情感共鸣机制。

（一）以情感交流为基础

情感交流是人与人之间通过语言、文字、表情、肢体语言等方式进行的内心感受和情绪的分享。它对于建立和维护人际关系、增进相互理解与信任具有重要作用。在情感交流中，倾听、同理心、真诚和开放性是关键要素。有效的沟通技巧可以帮助人们更好地表达自己的情感，同时理解并尊重他人的情感表达。

随着现代发展，家庭教育实现了从私密性教育到公共性教育的转向，具有鲜明的意识形态特性。与学校教育、社会教育相比，家庭教育是更注重以情感为基础的教育形态，这主要源于家庭的血缘关系和抚养关系。"血缘关系以血亲或生理联系为基础而形成，是人类最早的社会关系。"[②] 在家庭教育中，父母的情感优势使他们更容易对青少年进行红色文化传承，例如政治信念引导、思想道德培育、人格行为塑造等。通过情感的交流，父母能促使青少年自觉地接受红色文化精神，并将其内化为信念、外化为行动。

（二）以情感互动为方式

情感互动是人与人之间通过语言、行为、表情等非言语方式交流情感的过程。它在人际关系中扮演着重要角色，有助于建立信任、增进理解和促进亲密关系的发展。情感互动可以是直接的，如面对面的交谈；也可以是间接的，如通过社交媒体的互动。有效的沟通技巧，例如倾听、同理心和适当的自我披露，都是促进情感互动的关键因素。

胡塞尔认为，互动是指一个主体对另一个人或另一个人意识状态所拥有的

---

① ［苏］列宁：《列宁全集》（第36卷），人民出版社1959年版，第117页。
② 邓伟志、徐新：《家庭社会学导论》，上海大学出版社2006年版，第105页。

认识。家庭教育既是培养生活技能、日常习惯、道德品质的方式，也是父母和子女之间互动交往的过程。这种情感互动是父母和子女之间通过相互作用进行的情感转让，是加强交流的重要方式。因此，在家庭教育中传承红色文化，父母除了用家长的权威去教育孩子以外，还需要用情感的力量去感动心灵，充分发挥情感互动在红色文化传承中所承担的"催化剂"与"调节器"的重要作用。

（三）以情感共鸣为目标

情感共鸣是指人们在情感上产生的一种相互理解和感应的状态。它通常发生在人们分享相似的经历、感受或观点时，能够感受到对方的情绪，并在心理上产生一种深刻的联系。这种共鸣有增进建立人际关系的紧密度，促进沟通和理解，也是艺术、文学和音乐等领域能够创造打动人心作品的重要因素。

情感共鸣表征了情感的投射，即对象状态移入主体，是主观见之于客观的心理活动。家庭教育中实现红色文化传承的伦理情感共鸣，就是父母通过对自身道德状态的感知和红色故事的叙述，用喜闻乐见的语言、生动鲜活的事例、新颖活泼的形式，让子女在倾听的过程中，对红色精神达到和父母相近的情感认知状态，即产生"共情"，从而实现价值的传递与情感的共振，让父母与子女之间产生情感共鸣。

四、发挥家庭教育的基础核心作用，形成红色文化传承的统筹机制

文化传承是指将一个民族或社会群体的历史、语言、艺术、宗教、习俗、传统知识等文化要素，通过教育、模仿、实践等方式，从一代人传递给下一代人的过程。它确保了文化的连续性和稳定性，同时也允许文化在适应新环境和挑战时进行必要的变革和发展。文化传承不仅限于物质文化遗产，如建筑、文物等，还包括非物质文化遗产，如口头传统、表演艺术、社会实践、节庆活动等。有效的文化传承对于维护民族身份、促进社会凝聚力以及推动文化多样性和创新具有重要意义。

（一）家庭教育是垂直的文化传承

文化传承有三种形式：垂直传承、平行传承和倾斜传承。垂直传承指的是文化从上一代传给下一代，通常通过家庭、教育机构或社会习俗来实现。平行传承涉及同一时代不同群体之间的文化交流，比如不同地区或不同民族之间的相互影响。倾斜传承则指跨越时间的传承，它可能包括对古代文化的重新发现和诠释，或是对未来文化的预测和创新。

家庭教育是垂直的文化传承，主要是父母或者长辈向子女进行的文化传递；学校教育是平行的文化传承，侧重强调同学朋辈之间的交互影响；社会教

育是倾斜的文化传承，主要侧重社会环境对个体的文化影响。家庭教育是人类最早开始的教育，然而随着制度化、专门化的学校教育的崛起和兴盛，学校教育成了文化传承的权威，社会教育成了文化传承的主要路径，而家庭教育的重要作用却被忽略，成为学校教育和社会教育的附庸。近年来，《中华人民共和国家庭教育促进法》等一系列法律法规的公布，彰显出在持续加速的现代化进程中，政府对家庭教育认知的逐渐觉醒和对其地位的日益重视。新时代下，应该探索以家庭教育为着力点、家校社协同育人的红色文化传承机制，构建融家庭、学校、社会为一体的红色文化传承体系。

（二）发挥家庭教育在红色文化传承中的基础核心作用

家庭教育作为个体最为直接也是接触最早、影响最深的教育形式，在红色文化传承中具有不可替代的独特优势：一是教育范围上的广泛性优势。学校教育的规范化要求学生接受教育必须在固定的空间和时间才能进行，而家庭教育不局限于特定的场所与时间，教育范围更为广泛，教育方法更加灵活。二是教育身份上的权威性优势。这种权威性主要源于家庭的血缘关系和抚养关系，父母是孩子的养育者和监护人。由于亲情的存在，父母的教育更具有说服力，孩子更容易接受父母的教导。三是教育方式的针对性优势。学校教育和社会教育都是规模教育，而家庭教育具有个别化教育的独特优势，可以根据自家孩子的个性特征和实际情况，选择适合的方式方法来进行红色文化的教育引导。

家庭教育在红色文化传承中扮演着基础核心的角色。首先，家庭是孩子成长的第一个环境，父母是孩子的第一任老师。通过家庭的言传身教，孩子们可以从小接触到红色文化的精神内涵，理解革命先辈的英雄事迹和崇高品质。其次，家庭环境的熏陶对于培养子女对红色文化的认同感和自豪感至关重要。家庭可以为孩子提供一个温馨的环境，让他们在日常生活中感受到红色文化的温暖和力量，从而在情感上产生认同和共鸣。再次，家庭教育可以通过组织家庭成员共同参与红色文化活动，如参观革命历史博物馆、观看红色题材的影视作品、阅读红色经典书籍等，增强家庭成员对红色文化的理解和传承意识。最后，家庭教育中对红色文化的重视和实践，能够激发子女的爱国情感，使他们明白传承红色文化的重要性，从而自觉地将红色文化的精神内化于心、外化于行。通过家庭教育的持续努力，红色文化得以在下一代中生根发芽，代代相传。

因此，新时代背景下，家长一方面应该明确自身的责任和义务，在红色文化传承中发挥自身的育人作用、展现特有的育人价值；另一方面，要明确"为国教子"的责任担当，以"为党育人、为国储才"为动机和目的进行红色文化的传承，以"家国同构"为逻辑将家庭的前途命运与国家和民族的前途命运紧密相连，并形成双向支撑。

(三) 构建融家庭、学校、社会为一体的红色文化传承体系。

家庭是红色文化传承的起点,学校是红色文化教育的主阵地,社会是红色文化实践的大舞台。要完成传承红色文化、守护红色江山这一伟大使命,需要三者互相合作,协同育人。家庭、学校和社会三者之间应形成联动机制,共同营造红色文化传承的良好氛围。三者相互支持、相互促进,才能共同构建起一个立体的、全方位的红色文化传承体系,确保红色文化深入人心,并代代相传。

1. 尊重主体差异

主体差异指的是在比较两个或多个对象时,它们在某些特征方面或属性存在的不同之处。这种差异可以是数量上的,也可以是质量上的;可以是表面的,也可以是根本的。在分析主体差异时,通常需要详细考察各个主体的特性,并找出它们之间的对比点。尊重主体差异是我们在日常生活中应当秉持的重要原则。它意味着我们要认识到每个人都是独一无二的,拥有不同的思想、情感和行为方式。在与人交往时,我们应当尊重这些差异,不轻易评判或贬低他人。通过尊重主体差异,我们能够建立更加包容、和谐的社会环境,促进人与人之间的理解和合作。

家庭教育、学校教育、社会教育是三种独立的教育形态,三者在教育内容、教育形式等方面都存在明显差异,应该给予充分的尊重,它们共同构成了个体成长的完整教育体系。家庭教育侧重于个性培养和情感交流,学校教育注重知识传授和技能训练,而社会教育则强调实践经验和价值观塑造。可以说,这三种教育形态相互补充,相互影响,共同促进个体的全面发展。我们应当认识到每种教育形态的独特价值,并在实践中寻求它们之间的协调与平衡,即三者都应该以立德树人为核心,以传承红色基因为目标,帮助青少年实现对党和国家的政治认同,实现教育的综合效果。

2. 求同中互补

在团队合作或伙伴关系中,求同存异是一种常见的策略,它强调在共同目标或价值观的基础上,尊重和保留彼此之间的差异。然而,"求同中互补"则更进一步,它不仅寻求共同点,还强调在差异中找到互补性,即利用各自的独特优势和特点来相互补充,从而达到更高效的合作和更优的成果。

具体而言,家庭作为孩子成长的摇篮,应当给予孩子足够的关爱和支持,营造良好的家庭氛围和教育环境。家长应当关注孩子的成长需求,积极参与孩子的学习和生活,与学校保持密切联系,共同关注孩子的成长和发展。学校作为教育的主阵地,应当注重培养孩子的综合素质和创新能力,提供丰富多样的教育资源和学习环境,帮助孩子全面发展。同时,学校还应积极与家长和社会沟通合作,了解孩子的学习和生活情况,共同促进孩子的健康成长。社会作为学校教育的延伸和补充，应当为孩子提供广阔的实践和发展空间，帮助孩子将所学知识应用于实践中，培养他们的社会责任感和创新能力。只有当学校、家庭和社会三方形成合力，摆脱"以我为主"和"责任在他"的偏狭认知，充分发挥各自优势，弥补各自劣势，才能达到耦合互补协同的状态，共同为孩子的全面发展和成长创造更加有利的环境和条件。

3. 兼顾多方诉求

美国学者罗伯特·阿克塞尔罗德认为："个体追求自身利益，彼此之间的合作便不是完全基于对他人的关心或对群体利益的考虑。"① 这句话的意思是说，尽管个体之间的合作对于实现共同目标和社会和谐至关重要，但这种合作并不总是基于对他人的关心或对群体利益的直接考虑。相反，它更多的是基于个体的自我利益驱动，这在一定程度上解释了为什么在某些情况下，即使面对挑战和困难，人们仍然能够形成有效的合作。换句话说，只有兼顾多方诉求，家、校、社才会有传承红色文化的内在动力。

例如，家庭作为孩子成长的第一课堂，应当承担起家庭教育的责任。要帮助家长建立更合理的成才观，引领家庭教育在日常生活中进行红色文化传承，增强家长参与的获得感；学校作为教育体系的核心，要保障自身的专业自主性，将红色文化与校园文化建设有机结合，使学生更主动深入地参与到红色文化传承活动中；社会作为一个复杂而多元的系统，应当为学生提供更多的实践机会和平台，形成良好的社会舆论氛围，通过加强新闻媒体的引导作用，加大红色文化活动的宣传力度。

由于家庭教育能更顺利地联结公共教育和自我教育，其在全部教育力量协作中发挥着更明显的枢纽作用。在理解家庭教育内涵和对其地位的探索中，学者劳夫指出："公共教育永远只可能是孩子教育的第二支柱。它免除的是父母的时间负担，而不是父母的教育责任。对父母而言，即使不与孩子在一起的时间，他们也仍然承担着教育责任。"② 这段话表明，一家庭教育是孩子教育的第一支柱，二家庭教育要承托公共教育。总的来说，家庭教育是基础，学校教育是主渠道、主阵地、主课堂，社会教育是平台和依托，家庭教育、学校教育和社会教育构成一个完整的终身教育体系，它们相互依存、相互贯通、相互补充，共同支撑起个体从摇篮到拐杖的人生发展。③ 因此，家庭教育、学校教育、社会教育要相互融合，共同支持，最终建立起多元主体合作传承红色文化的统筹机制。

---

① [美] 阿克塞尔罗德：《合作的进化》，吴坚忠译，上海人民出版社 2017 年版，第 5 页。
② [德] 劳夫：《理解教育》，刘丽等译，龙门书局 2011 年版，第 21 页。
③ 翟博：《树立新时代的家庭教育价值观》，载《教育研究》2016 年第 3 期，第 92–98 页。

结　　语

习近平总书记指出："作为父母和家长，应该把美好的道德观念从小就传递给孩子，引导他们有做人的气节和骨气，帮助他们形成美好心灵，促使他们健康成长，长大后成为对国家和人民有用的人。"[①] 红色基因的内核是以马克思主义为指导的先进文化，饱含革命先辈们坚定的理想信念与价值追求，具有穿越时间的生命力和跨越空间的感染力，是青少年最应该传承的优良品质和道德素养。家庭教育是传承红色基因、实现精神储存和情境迁移的重要方式和载体空间。鉴于此，对于家庭教育环境下红色文化的传承进行理性审视是非常必要的，并且意义重大。本书基于这样的时代要求，进行了相关文献资料的收集、鉴别、整理、归纳与分析，了解和掌握家庭教育视角下红色文化传承的逻辑关联和现状困境，并提出相应的对策及建议。现将主要研究成果归纳如下。

一是归纳了家庭教育与红色文化传承的辩证统一关系。一方面，家庭教育是构成红色文化传承的重要环境和载体，红色文化的传承需要学校教育和社会教育，也需要家庭教育；另一方面，传承红色文化是家庭教育的主要内容和灵魂，在中国特色社会主义新时代发展的关键时期，面对家庭教育中出现的重智育轻德育、多样化社会思潮冲击、西方敌对势力渗透等问题，必须坚守家庭教育的意识形态属性，传承红色文化，增强青少年对党和国家的政治认同。运用马克思主义的基本理论，厘清家庭教育与红色文化传承的辩证统一关系，是本书研究的逻辑起点。

二是分析了家庭教育中红色文化传承面临的困境。红色文化强调革命理想和革命精神，倡导艰苦奋斗、无私奉献的价值观，是中华民族精神的重要组成部分。家庭作为个体发展的最初社会环境，家庭教育在红色文化传承上的作用不容忽视、不可取代。家庭价值观、家庭教育方法、家庭教养方式等都是影响红色文化传承的重要因素。但实际家庭教育活动中的红色文化传承往往呈现出"雷声大、雨点小"的势态，地位不够突出，与社会发展需求和家庭实际生活现状严重脱节。可以说，当前在家庭教育中，红色文化的传承面临着一定程度上的波折和困境，主要原因来自社会环境变迁带来的挑战、家庭教育中重智育轻德育取向增长以及西方意识形态的渗透等。

三是提出了家庭教育中红色文化传承的基本原则、总体要求和具体对策。

---

① 习近平：《习近平谈治国理政》（第2卷），外文出版社2017年版，第355页。

家庭教育传承红色文化的基本原则是指在家庭教育中为了更好地达到红色文化传承的效果所必须遵循的法则或标准，包括方向性原则、目标性原则、情感性原则等。新形势下，家庭教育、红色文化的环境和背景都发生了重大变化，因此，必须对家庭教育中红色文化传承的总体要求做出新的思考和认识，要注重提升家庭教育的实效性、满足青少年的内在需要、促进人的自由全面发展。面对新形势、新问题，在家庭教育中传承红色文化不仅需要厘清"为什么""是什么"的问题，更需要探寻"如何传""怎么传"的具体实践路径：坚持家庭教育的意识形态属性，构建红色文化传承的认同机制；重视家庭教育的日常生活功能，创新红色文化传承的实践机制；尊重家庭教育的规律特点，创造青少年传承红色文化的情感机制；发挥家庭教育的基础核心作用，形成红色文化传承的统筹机制。

由于时间和能力有限，本书无论在理论研究和实证研究上都存在不足之处。实践无止境，研究亦无止境。本人认为，今后家庭教育与红色文化传承研究还可以从以下三个方面继续思考和探索。

第一，继续加强家庭教育环境下红色文化传承的理论研究，对家庭教育影响红色文化传承的机制、规律还可以进一步进行挖掘；第二，继续加强家庭教育传承红色文化在不同青少年群体差异影响的实证研究，拓宽实证研究的广度和深度；第三，可以尝试进行家庭教育环境下青少年传承红色文化效果的评价指标体系探索研究，为进一步提高家庭教育环境下红色文化传承的实效性提供有力支撑。

总的来说，新时代家庭教育视角下，如何更好地尊重家庭教育的内在规律、推动红色文化的传承与发展、守护好红色江山，是我们未来应该继续思考和应对的重要命题。

参考文献

一、著作类

[1] 布坎南. 马克思与正义［M］. 林进平, 译. 北京: 人民出版社, 2013.
[2] 陈佛松. 世界文化史［M］. 武汉: 华中理工大学出版社, 1998.
[3] 陈桂香. 早期中国共产党人马克思主义观研究［M］. 济南: 山东大学出版社, 2012.
[4] 陈辽, 方全林. 中国革命军事文学史略［M］. 北京: 昆仑出版社出版, 1987.
[5] 陈先达. 文化自信中的传统与当代［M］. 北京: 北京师范大学出版社, 2017.
[6] 邓力群. 毛泽东的文化思想［M］. 北京: 中央民族大学出版社, 2004.
[7] 邓小平. 邓小平文选: 第3卷［M］. 北京: 人民出版社, 1993.
[8] 董崇斌, 李云兰. 共产党员的党性修养［M］. 哈尔滨: 哈尔滨工业大学出版社, 1998.
[9] 董向前, 万海霞. 社会主义核心价值观视域下的爱国主义教育研究［M］. 长春: 东北师范大学出版社, 2018.
[10] 杜威. 自由与文化［M］. 傅统先, 译. 北京: 商务印书馆, 2013.
[11] 杜正胜. 古代社会与国家［M］. 台北: 允晨文化出版公司, 1992.
[12] 方建移, 何伟强. 儿童社会性发展与家庭教育［M］. 杭州: 浙江教育出版社, 2005.
[13] 费正清. 伟大的中国革命1800—1985［M］. 刘尊棋, 译. 北京: 国际文化出版公司, 1989.
[14] 费正清. 美国与中国［M］. 张理京, 译. 北京: 世界知识出版社, 1999.
[15] 福尔曼. 北行漫记［M］. 陶岱, 译. 北京: 新华出版社, 1988.
[16] 格尔茨. 文化的解释［M］. 韩莉, 译. 南京: 译林出版社, 2008.
[17] 格林. 东方与西方［M］. 金元浦, 褚晓明, 译. 西宁: 青海人民出版社, 1989.
[18] 顾行超. 中国共产党统一战线思想史［M］. 上海: 上海人民出版社, 2005.

[19] 韩泽春. 中国现代文化发展论纲 [M]. 北京：中国社会出版社, 2009.
[20] 何晓明, 等. 中华文化与统一战线 [M]. 北京：中国文史出版社, 2005.
[21] 赫尔德. 关心伦理学 [M]. 苑莉均, 译. 北京：商务印书出版社, 2014.
[22] 亨廷顿. 文化的重要作用 [M]. 程克雄, 译. 北京：新华出版社, 2010.
[23] 亨廷顿. 文明的冲突与世界秩序的重建：修订版 [M]. 周琪, 译. 北京：新华出版社, 2010.
[24] 胡绳. 中国共产党的七十年 [M]. 北京：中共党史出版社, 1991.
[25] 洪明. 回到家庭谈德育 [M]. 北京：中国青年出版社, 2014.
[26] 黄相怀, 等. 不忘初心：中国共产党为什么能永葆朝气 [M]. 北京：中国人民大学出版社, 2016.
[27] 黄书光. 中国社会教化的传统与变革 [M]. 济南：山东教育出版社, 2005.
[28] 吉登斯. 现代性的后果 [M]. 田禾, 译. 南京：译林出版社, 2011.
[29] 吉利根. 描绘道德的图景：女性思维对心理学理论与教育的贡献 [M]. 季爱民, 译. 北京：教育科学出版社, 2012.
[30] 贾芝. 中国解放区文学书系民间文学编 [M]. 重庆：重庆出版社, 1992.
[31] 蒋锐, 鲁法芹. 社会主义思潮与中国文化的相遇 [M]. 济南：山东人民出版社, 2016.
[32] 基辛格. 论中国 [M]. 胡利平, 译. 北京：中信出版社, 2015.
[33] 金丝燕, 董晓萍. 全球视野下的中国文化本位 [M]. 北京：中国人民大学出版社, 2018.
[34] 赖亦明. 毛泽东社会发展思想研究 [M]. 南昌：江西人民出版社, 2009.
[35] 李捷. 毛泽东对新中国的历史贡献：典藏版 [M]. 北京：社会科学文献出版社, 2015.
[36] 李康平. 大学生红色资源教育读本 [M]. 南昌：江西人民出版社, 2010.
[37] 李水弟. 红色文化与传承 [M]. 南昌：江西人民出版社, 2009.
[38] 李霞. 红色资源与思想政治教育 [M]. 北京：人民出版社, 2015.
[39] 里亚格林菲尔德. 民族主义：走向现代的五条道路 [M]. 王春华, 祖国霞, 等, 译. 上海：上海三联书店, 2010.

[40] 梁漱溟. 梁漱溟全集：第三卷：中国是伦理本位的社会 [M]. 济南：山东人民出版社，1990.

[41] 林崇德. 发展心理学 [M]. 北京：人民教育出版社，2009.

[42] 廖小平. 代际互动：未成年人道德建设的代际维度 [M]. 北京：人民出版社，2009.

[43] 廖小平. 价值观变迁与核心价值体系的解构和建构 [M]. 北京：中国社会科学出版社，2016.

[44] 列宁. 列宁全集：第36卷 [M]. 北京：人民出版社，1959.

[45] 刘建平. 红色旅游与红色文化育人研究 [M]. 湘潭：湘潭大学出版社，2019.

[46] 刘川生. 大学生日常思想政治教育实效性研究 [M]. 北京：北京师范大学出版社，2009.

[47] 刘增杰，等. 中国解放区文学史 [M]. 开封：河南大学出版社，1988.

[48] 刘培华，程道德，等. 帝国主义侵华简史 [M]. 合肥：黄山书社，1995.

[49] 卢克斯. 马克思主义与道德 [M]. 袁聚录，译，北京：高等教育出版社，2009.

[50] 鲁秋园. 红色家训 [M]. 南昌：江西人民出版社，2006.

[51] 吕冬冬. 中国共产党执政形象论 [M]. 长春：吉林人民出版社，2008.

[52] 罗尔斯. 正义论 [M]. 何怀宏，译. 北京：中国社会科学出版社，2001.

[53] 罗国杰. 伦理学原理 [M]. 北京：人民出版社，1989.

[54] 骆郁廷. 精神动力论 [M]. 武汉：武汉大学出版社，2003.

[55] 马立新. 革命文学新论 [M]. 长春：吉林文史出版社，2009.

[56] 马特尔，等. 主流：谁将打赢全球文化战争 [M]. 刘成富，译. 北京：商务印书馆，2012.

[57] 米尔斯海默. 大国政治的悲剧 [M]. 王义桅，唐小松，译. 上海：上海人民出版社，2014.

[58] 毛泽东. 毛泽东选集：第2卷 [M]. 北京：人民出版社，1991.

[59] 孟财，余远来. 共产党员要勇于自我革命 [M]. 杭州：浙江人民出版社，2016.

[60] 缪建东. 家庭教育 [M]. 北京：北京师范大学出版社，2015.

[61] 奈特. 再思毛泽东：毛泽东思想的探索 [M]. 闫方洁，等，译. 北京：中国人民大学出版社，2014.

[62] 诺丁斯. 学会关心：教育的另一种模式 [M]. 于天龙，译. 北京：教

育科学出版社，2011．

[63] 诺丁斯．关心：伦理和道德教育的女性路径［M］．武云斐，译．北京：北京大学出版社，2014．

[64] 诺丁斯．始于家庭：关怀与社会政策［M］．侯晶晶，译．北京：教育科学出版社，2006．

[65] 欧阳淞，曲青山．红色往事：党史人物忆党史［M］．济南：济南人民出版社，2012．

[66] 帕特纳，富特．史学理论手册［M］．余伟，何立民，译．上海：格致出版社，上海人民出版社，2017．

[67] 庞丽娟．文化传承与幼儿教育［M］．杭州：浙江教育出版社，2005．

[68] 渠长根．红色文化概论［M］．北京：红旗出版社，2017．

[69] 萨林斯．文化与实践理性［M］．赵丙祥，译．上海：上海人民出版社，2002．

[70] 森．以自由看待发展［M］．任颐，于真，译．北京：人民大学出版社，2012．

[71] 沙健孙．毛泽东思想通论［M］．北京：人民出版社，2013．

[72] 施瓦友．中国的启蒙运动：知识分子与五四运动［M］．李国英，等，译．太原：山西人民出版社出版，1989．

[73] 石川祯浩．中国共产党成立史［M］．袁广泉，译．北京：中国社会科学出版社，2006．

[74] 史华慈．中国的共产主义与毛泽东的崛起［M］．陈玮，译．北京：中国人民大学出版社，2006．

[75] 史沫特莱．伟大的道路：朱德的生平和时代［M］．上海：生活·读书·新知三联书店，1979．

[76] 石约翰．中国革命的历史透视［M］．王国良，译．北京：中国人民大学出版社，2011．

[77] 史秋琴，等．城市变迁与家庭教育［M］．上海：上海文化出版社，2006．

[78] 斯拉姆．毛泽东的思想［M］．中共中央文献研究室《国外研究毛泽东思想资料选辑》编辑组，编译．北京：中央文献出版社，1990．

[79] 斯拉姆．毛泽东［M］．中共中央文献研究室《国外研究毛泽东思想资料选辑》编辑组，编译．北京：红旗出版社，1995．

[80] 斯密．道德情操论［M］．蒋自强，译．北京：商务印书馆，1997．

[81] 斯诺．西行漫记［M］．董乐山，译．北京：东方出版社，2005．

[82] 斯塔夫里亚诺斯．全球分裂：第三世界的历史进程［M］．迟越，等，

译. 北京：商务印书馆，1993.

[83] 斯坦. 红色中国的挑战[M]. 马飞海，章蟾华，等，译. 上海：上海译文出版社出版，1999.

[84] 宋志明，吴潜涛. 中华民族精神论纲[M]. 北京：中国人民大学出版社，2006.

[85] 孙成武. 中国共产党文化建设史论[M]. 北京：人民出版社，2013.

[86] 孙占元. 中国先进文化的代表：中国共产党人文化思想研究[M]. 济南：山东人民出版社，2000.

[87] 泰勒. 原始文化[M]. 蔡江浓，译. 杭州：浙江人民出版社，1988.

[88] 檀传宝. 德育原理[M]. 北京：北京师范大学出版社，2007.

[89] 唐正芒. 中国共产党革命精神巡礼[M]. 湘潭：湘潭大学出版社，2015.

[90] 唐君毅. 中国文化之精神价值[M]. 台北：正中书局，1969.

[91] 汤因比. 展望21世纪汤因比与池田大作对话录[M]. 荀春生，朱继征，等，译. 北京：国际文化出版社，1985.

[92] 陶东风. 中国革命与中国文学[M]. 哈尔滨：黑龙江人民出版社，2008.

[93] 滕星. 教育人类学通论[M]. 北京：商务印书馆，2017.

[94] 涂尔干. 道德教育[M]. 陈光金，译. 上海：上海人民出版社，2001.

[95] 王爱华，等. 多维视野下的红色文化[M]. 成都：西南交通大学出版社，2011.

[96] 王爱华，王刚，刘丽. 红色文化艺术的时代阐述[M]. 成都：西南交通大学出版社，2012.

[97] 王炳林. 初心：重读革命精神[M]. 北京：人民出版社，2018.

[98] 王炳林. 党的历史与党的建设研究[M]. 北京：人民出版社，2016.

[99] 王炳林，张泰城. 高校红色文化资源育人发展报告[M]. 北京：人民出版社，2017.

[100] 王海洲. 政治仪式：权力生产和再生产的政治文化分析[M]. 南京：江苏人民出版社，2016.

[101] 王霄冰，邱国珍. 传统的复兴与发明[M]. 北京：知识产权出版社，2011.

[102] 王燕，等. 当代中国城市父母教养现状与反思[M]. 上海：复旦大学出版社，2008.

[103] 王凌，等. 冲突与变革：社会转型期云南边疆民族地区家庭教育研究[M]. 北京：人民出版社，2010.

[104] 王永贵，等. 马克思主义意识形态理论与当代中国实践研究 [M]. 北京：人民出版社，2013.

[105] 王玉波. 中国家庭的起源与演变 [M]. 石家庄：河北科学技术出版社，1992.

[106] 威尔逊. 历史巨人：毛泽东 [M]. 中共中央文献研究室《国外研究毛泽东思想资料选辑》编辑组，编译. 北京：中央文献出版社，1993.

[107] 韦尔斯. 世界史纲：生物和人类的简明史 [M]. 吴文藻，谢冰心，费孝通，等，译. 桂林：广西师范大学出版社，2001.

[108] 韦政通. 中国文化概论 [M]. 长沙：岳麓书社，2003.

[109] 习近平. 高举中国特色社会主义伟大旗帜 为全面建设社会主义现代化国家而团结奋斗：在中国共产党第二十次全国代表大会上的报告 [M]. 北京：人民出版社，2022.

[110] 习近平. 决胜全面建成小康社会，夺取新时代中国特色社会主义伟大胜利：在中国共产党第十九次次全国代表大会上的报告 [M]. 北京：人民出版社，2017.

[111] 萧公权. 中国政治思想史 [M]. 北京：中国人民大学出版社，2014.

[112] 谢弗. 文化引导未来 [M]. 许春山、朱邦俊，译. 北京：社会科学文献出版社，2008.

[113] 徐腊梅. 红色歌谣 [M]. 南昌：江西高校出版社，2007.

[114] 杨宝. 大教育视野中的家庭教育 [M]. 北京：社会科学文献出版社，2003

[115] 杨德山. 新时期以来党内民主建设的理论与实践研究 [M]. 福州：福建人民出版社，2016.

[116] 杨凤城. 中国共产党历史 [M]. 北京：中国人民大学出版社，2010.

[117] 颜佳华. 毛泽东民主政治思想与当代中国政治文明建设 [M]. 北京：人民出版社，2013.

[118] 伊格尔顿. 马克思为什么是对的 [M]. 李杨，任文科，郑义，译. 北京：新星出版社，2011.

[119] 英格利斯. 文化与日常生活 [M]. 张秋月，等，译. 北京：中央编译出版社，2009.

[120] 俞可平. 中国政治发展30年（1978—2008）[M]. 重庆：重庆出版社，2009.

[121] 有林，郑新立，王瑞璞. 中华人民共和国国史通鉴：全4卷 [M]. 北京：红旗出版社，1996.

[122] 袁桂林. 当代西方道德教育理论 [M]. 福州：福建教育出版社，1995.

[123] 张爱芹，王以第. 红色文化与道德建设研究［M］. 青岛：中国海洋大学出版社，2008.

[124] 张进辅. 家庭与人格［M］. 合肥：安徽教育出版社，2013.

[125] 张静如，梁志祥，等. 中国共产党通志：1－4卷［M］. 北京：中央文献出版社，2001.

[126] 章绍嗣，等. 武汉抗战文艺史稿［M］. 武汉：长江文艺出版社，1988.

[127] 张文新. 儿童社会性发展［M］. 北京：北京师范大学出版社，1999.

[128] 张耀灿，郑永廷，吴潜涛，骆郁廷. 现代思想政治教育学［M］. 北京：人民出版社，2001.

[129] 张耀灿. 思想政治教育学前沿［M］. 北京：人民出版社，2006.

[130] 郑德荣，王占仁. 马克思主义中国化纵横观［M］. 北京：人民出版社，2015.

[131] 郑晓云. 文化认同与文化变迁［M］. 北京：中国社会科学出版社，1992.

[132] 郑晓云. 文化认同论［M］. 北京：中国社会科学出版社，2008.

[133] 郑志发. 经济全球化视域中的爱国主义教育［M］. 北京：群众出版社，2009.

[134] 中共中央文献研究室. 毛泽东文艺论集［M］. 北京：中央文献出版社，2002.

[135] 中共中央马克思恩格斯列宁斯大林著作编译局. 马克思恩格斯全集：第2卷［M］. 北京：人民出版社，1957.

[136] 习近平. 习近平谈治国理政：第2卷［M］. 北京：外文出版社，2017.

[137] 邹强. 中国当代家庭教育变迁研究［M］. 天津：天津大学出版社，2011.

二、论文类

[1] 艾四林. 激发全民族文化创造活力，显著增强国家文化软实力［J］. 马克思主义研究，2012（12）.

[2] 沧南，彭臻. 中国共产党的90年是马克思主义中国化的90年：纪念中国共产党成立90周年［J］. 湘潭大学学报（哲学社会科学版），2011（3）.

[3] 沧南，彭臻. 关于群众路线的几个问题［J］. 党的文献，2014（4）.

[4] 曹晓丽，葛俊. 守护红色记忆　传承红色基因：如东县档案馆探索推进红色档案保护与开发［J］. 档案与建设，2020（3）.

[5] 车明朝，高爱军，陈艳，焦大安. 传承红色基因 服务绿色兴安［J］. 中国职业技术教育，2016（28）.

[6] 陈秉公. 学习习近平关于教育的重要论述 探索高校立德树人创新体系［J］. 思想教育研究，2018（10）.

[7] 陈纯仁. 邓小平社会主义制度文明建设思想体系初探［J］. 湖南师范大学社会科学学报，2004（5）.

[8] 陈怀平. 传承红色基因 培育时代新人［J］. 红旗文稿，2020（16）.

[9] 陈晋. 毛泽东对中国共产党精神谱系的贡献［J］. 世界社会主义研究，2019（2）.

[10] 陈晋. 文化自信与中国道路［J］. 文化软实力，2016（1）.

[11] 陈金龙. 新中国70年文化自信的表征、成因与特质［J］. 学术论坛，2019（4）.

[12] 陈金龙. 论中国特色社会主义道路的本质［J］. 陕西师范大学学报（哲学社会科学版），2017（6）.

[13] 陈立芳. 借助项目平台传承红色基因的三个着眼点［J］. 教学与管理，2020（14）.

[14] 陈曙光，杨洁. 论文化自信［J］. 文化软实力研究，2016（3）.

[15] 陈万柏，朱秀琴. 关于大学生国家认同的研究综述［J］. 思想政治教育研究，2013（4）.

[16] 陈锡喜，张濛. 中国特色社会主义为什么"好"［J］. 思想理论教育导刊，2019（10）.

[17] 陈学明. 我们今天如何继承五四精神［J］. 国外社会科学前沿，2019（5）.

[18] 陈雪薇. 中国特色社会主义道路的30年探索（1978—2008）［J］. 中共中央党校学报，2008（3）.

[19] 陈先达. 论中国共产党人的文化自信［J］. 党建，2017（5）.

[20] 陈岩. "红色"的中外文化审视［J］. 黑龙江社会科学，2007（2）.

[21] 陈正桂. 美国公民教育的特征及对我国思想政治教育的启示［J］. 思想政治教育，2010（11）.

[22] 程东旺，黄伟良. "红色文化"的价值形态与德育功能探析［J］. 河南广播电视大学学报，2006（1）.

[23] 戴木才. 人民性是马克思主义的崇高品质［J］. 高校马克思主义理论研究，2018（2）.

[24] 戴晓明. 坚持和传承军民一致原则的红色基因［J］. 南京政治学院学报，2015（1）.

[25] 戴焰军,陈金龙,陈剑.文化自信是对"中国特色"的最好诠释[J].中国纪检监察,2016(23).

[26] 丁俊萍,胡永干.中国共产党自信的理由和底气及其价值[J].思想理论教育导刊,2019(9).

[27] 丁行高,吴书海.传承红色基因:思想政治教育的现实课题[J].南京政治学院学报,2014(5).

[28] 方世南.习近平总书记全面深化改革重要思想的人民立场[J].江南社会学院学报,2018(3).

[29] 冯颜利.马克思主义传播主题、对象与方式的变迁(1949—2019)[J].求索,2019(3).

[30] 冯颜利,李怀征.习近平以人民为中心发展思想的内在逻辑[J].理论视野,2020(2).

[31] 高奇,周向军,史衍朋.马克思主义大众化的十四个原则[J].当代世界与社会主义,2011(1).

[32] 高书国.中国家庭教育研究的理论缺失与自信重构[J].教育发展研究,2020(2).

[33] 高新民.党建理论三十年若干重大发展[J].泰山学院学报,2012(2).

[34] 高新民.关于中国共产党的建设若干理论问题思考[J].理论探讨,2016(5).

[35] 龚旭凌,曲铁华.家庭教育政策:演进脉络、变迁逻辑与实践进路[J].学术探索,2023(6).

[36] 管爱花,孙其昂,王升臻.大数据破解思想政治教育"思想"之谜的思考[J].河海大学学报(哲学社会科学版),2019(4).

[37] 郭华,王文兵.论中国特色社会主义文化自信的现实之维[J].湘潭大学学报(哲学社会科学版),2017(4).

[38] 韩振峰,王蓉.习近平关于新时代爱国主义重要论述的形成、内容及实践路径研究[J].思想教育研究,2020(2).

[39] 韩振峰.实现中华民族伟大复兴的内在逻辑及其启示[J].马克思主义研究,2019(10).

[40] 洪光东,王永贵.在历史学习中汲取民族复兴的智慧与力量:深刻把握习近平总书记关于历史学习重要论述的核心要义[J].南京社会科学,2020(7).

[41] 胡为雄.毛泽东新民主主义革命时期的教育实践与探索[J].毛泽东研究,2018(5).

[42] 胡为雄. 从《建国以来毛泽东文稿》看毛泽东与中国特色社会主义道路 [J]. 毛泽东研究, 2017 (2).

[43] 黄光文, 朱龙凤. 红色旅游资源开发中的红色文化传承 [J]. 求实, 2008 (6).

[44] 黄明理, 刘梦雨. 文化自觉与自信视域下的文明核心价值观建设 [J]. 南京政治学院学报, 2017 (2).

[45] 黄明理, 程璐. 不忘初心、牢记使命制度建构的三重逻辑 [J]. 华南师范大学学报 (社会科学版), 2020 (3).

[46] 黄显中. 坚持繁荣发展社会主义文化事业的群众路线 [J]. 理论视野, 2012 (5).

[47] 季水河. 新文化运动时期马克思主义在中国的传播与研究 [J]. 求索, 2017 (7).

[48] 江峰, 汪颖子. 中国红色文化生成的系统要素透析: 以大别山红色文化为例 [J]. 北京师范大学学报 (社会科学版), 2010 (11).

[49] 黎永泰, 李文勇. 企业文化传播规律探析 [J]. 现代商贸工业, 2010 (10).

[50] 李洪峰. 初心和使命的光辉照亮我们党前进的道路 [J]. 党建, 2020 (2).

[51] 李捷. 总结过去、开辟未来的经典之作: 重温《关于建国以来党的若干历史问题的决议》[J]. 湘潭大学学报 (哲学社会科学版), 2020 (1).

[52] 李捷. "四个全面"战略布局与建设中国特色社会主义 [J]. 高校马克思主义理论研究, 2015 (1).

[53] 李婧. 中国特色社会主义法治的红色基因探源 [J]. 思想理论教育导刊, 2016 (10).

[54] 李君如. 坚定道路、理论、制度自信, 说到底是要坚定文化自信 [J]. 国外社会科学前沿, 2019 (5).

[55] 李君如. 全面理解"文化自信" [J]. 中央社会主义学院学报, 2017 (5).

[56] 李四权, 王春红. 寻足迹, 传精神, 塑红心: "红色文化进课堂"主题活动片段与反思 [J]. 网络科技时代, 2007 (3).

[57] 李璇. 新媒体中青年亚文化对大学生价值观的影响 [J]. 思想理论教育, 2013 (7).

[58] 李雅兴, 姚功武. 习近平关于办好思想政治理论课重要论述的内在逻辑 [J]. 思想理论教育导刊, 2020 (4).

[59] 李永春, 张新洲. 毛泽东论长征和长征精神 [J]. 湘潭大学学报 (哲学

社会科学版），2016（5）.

［60］李永春，张新洲. 毛泽东论五四运动和五四精神［J］. 湘潭大学学报（哲学社会科学版），2017（4）.

［61］李昱昊，张文喜. 关于中国共产党革命精神问题研究综述［J］. 吉林广播电视大学学报，2020（3）.

［62］李佑新，高文学. 毛泽东倡导的雷锋精神及其时代价值［J］. 湘潭大学学报（哲学社会科学版），2016（6）.

［63］李佑新，陈龙. 毛泽东"实事求是"思想的湘学渊源［J］. 哲学研究，2010（1）.

［64］李佑新. 论毛泽东思想的时代意义［J］. 湘潭大学学报（哲学社会科学版），2005（6）.

［65］李志. 传承红色基因 再谱广电新篇［J］. 新闻战线，2016（19）.

［66］李忠杰. 中国道路是怎样走出来的［J］. 新湘评论，2019（1）.

［67］梁柱. 党的优良传统永远不会过时［J］. 红旗文稿，2014（15）.

［68］梁柱. 共产党人必须练就"看家本领"［J］. 党建，2018（2）.

［69］廖永安，李世锋. 毛泽东"以德防腐"思想探析［J］. 湘潭大学学报（哲学社会科学版），2016（2）.

［70］林尚立. 制度与发展：中国制度自信的政治逻辑［J］. 中共中央党校学报，2016（2）.

［71］林志友，章冠博. 中国特色社会主义文化自信的多维审视［J］. 社会主义研究，2019（4）.

［72］凌洁. 新红色文化：对接新时代的文化热潮［J］. 观察生活，2007（2）.

［73］刘波. 传承红色基因与国家文化安全［J］. 党的文献，2019（6）.

［74］刘红凛. 改革开放以来党内主题教育的发展轨迹、基本经验与基本启示［J］. 思想理论教育，2019（9）.

［75］刘红凛. 中国共产党加强作风建设的历史经验［J］. 紫光阁，2018（11）.

［76］刘宏宇，彭博. 构建铸牢中华民族共同体意识的家庭教育主阵地［J］. 中南民族大学学报（人文社会科学版），2023（10）.

［77］刘建军. 中国语境下爱国主义的信仰意蕴［J］. 思想理论教育，2020（4）.

［78］刘建军，张韬喆. 坚定文化自信 加强革命精神研究［J］. 中国高等教育，2018（19）.

［79］刘建平，李双清. 红色文化传承的基本规律［J］. 领导之友，2011

(8).

[80] 刘建平,衣少娜. 红色文化的基本时代精神、传承规律及价值探析[J]. 理论建设,2017(2).

[81] 刘建平,王昕伟,周蓓. 习近平总书记关于红色基因的重要论述研究[J]. 湘潭大学学报(哲学社会科学版),2020(4).

[82] 刘建平,王昕伟. 传承红色基因 铸牢复兴之魂[J]. 红旗文稿,2019(13).

[83] 刘建平,王昕伟. 新时代习近平加强党的政治建设思想探析[J]. 红广角,2018(4).

[84] 刘建平,王昕伟. 关于改革开放以来中国共产党革命精神发展的思考[J]. 井冈山大学学报(社会科学版),2020(2).

[85] 刘建平,王昕伟. 新中国成立以来红色基因的传承与发展探析[J]. 红色文化学刊,2019(3).

[86] 刘建武. 新时代脱贫攻坚精神的深刻内涵[J]. 人民论坛,2020(20).

[87] 刘建武. 新中国60年与中国特色社会主义理论体系的探索历程[J]. 湘潭大学学报(哲学社会科学版),2009(6).

[88] 刘建武,吕开武. "不忘初心"的关键在于坚持和发展马克思主义[J]. 当代世界与社会主义,2016(5).

[89] 刘宽亮. 关于文化传播规律的思考[J]. 运城学院学报,2003(2).

[90] 刘澜. 试论高校图书馆的文化传播[J]. 科技情报开发与经济,2007(30).

[91] 刘丽平,李水弟. "红色文化"的价值形态与开发策略探析[J]. 职业圈,2007(12).

[92] 刘亮红. 湘潭红色文化与湖湘文化[J]. 湖南社院学报,2009(6).

[93] 刘晓玲,刘晓川. 以伟大的精神旗帜引领复兴征程:中国共产党"不忘初心,继续前进"的时代轨迹[J]. 湖南社会科学,2016(5).

[94] 刘晓玲,梁丹. 建设社会主义文化强国战略思想的历史演进[J]. 求索,2011(12).

[95] 刘旺旺,俞良早. 文化发展坚持党的领导的思想及其启示:基于马克思主义经典作家的视阈[J]. 广西社会科学,2017(2).

[96] 刘彦武. 对当代中国先进文化的传播学分析[J]. 探索,2005(6).

[97] 龙宝新. 家庭教育的"三重迷失"及其重振之路[J]. 贵州师范大学学报(社会科学版),2024(2).

[98] 卢丹蕾,王树荫. 改革开放以来理想信念研究述评[J]. 思想教育研究,2016(11).

[99] 罗爽. 《家庭教育促进法》实施机制的基本构造及其系统构建研究[J]. 教育学术月刊, 2024 (1).

[100] 骆郁廷, 任光辉. 时代新人与家国情怀[J]. 马克思主义与现实, 2020 (2).

[101] 骆郁廷. 中国道路: 进程、实质与特色[J]. 江海学刊, 2020 (2).

[102] 马欣欣, 周向军. 改革开放以来中国共产党民族精神观发展的阶段性特征[J]. 山东社会科学, 2015 (12).

[103] 潘一坡, 项久雨. 论中国精神对现代中国人生活方式的塑造[J]. 邓小平研究, 2020 (3).

[104] 彭国甫, 陈建华. 论毛泽东对中国特色社会主义理论体系形成的贡献[J]. 当代世界与社会主义, 2008 (6).

[105] 彭光华. 推进红色文化大发展大繁荣[J]. 党建, 2009 (8).

[106] 彭正德, 江桑榆. 论红色基因及其在新时代的传承[J]. 湖南社会科学, 2021 (1).

[107] 彭宗健. 陈远跃. 对提升当前红色文化软实力的思考[J]. 产业与科技论坛, 2011 (8).

[108] 齐卫平. 党的作风建设: 百年回望及经验启示[J]. 新疆师范大学学报(哲学社会科学版), 2021 (1).

[109] 齐卫平. 中国共产党政治建设的近百年探索: 理论与实践[J]. 新疆师范大学学报(哲学社会科学版), 2020 (2).

[110] 齐卫平, 柴奕, 许振江. 中国共产党革命精神与文化的历史回溯及现实价值[J]. 井冈山大学学报(社会科学版), 2018 (1).

[111] 秦宣. 建设社会主义文化强国必须面对的问题[J]. 湖北大学学报(哲学社会科学版), 2019 (6).

[112] 秦宣, 杨彬彬. 论中国共产党人初心与使命的理论逻辑、历史逻辑、实践逻辑[J]. 新疆师范大学学报(哲学社会科学版), 2020 (1).

[113] 秦在东, 靳思远. 错误社会思潮对我国主流意识形态安全的威胁及其治理[J]. 世界社会主义研究, 2019 (5).

[114] 秦在东, 肖薇薇. 中国共产党改革精神的智慧特征与意义[J]. 湖北社会科学, 2018 (12).

[115] 邱仁富. 论新时代社会主义意识形态的凝聚力和引领力[J]. 学校党建与思想教育, 2018 (16).

[116] 逄锦聚. 改革开放与中国特色社会主义[J]. 当代中国史研究, 2018 (5).

[117] 彭臻, 沧南. 毛泽东的精神风范和人格魅力: 纪念毛泽东诞辰120周

年[J]．毛泽东思想研究，2013（2）．

[118] 沙健孙．毛泽东关于社会主义文化建设的若干思想[J]．毛泽东邓小平理论研究，2012（8）．

[119] 尚庆飞．从毛泽东到习近平：中国共产党人政治品格塑造[J]．中国浦东干部学院学报，2019（5）．

[120] 尚庆飞．毛泽东精神的逻辑界限、理论内涵与当代价值[J]．东岳论丛，2016（3）．

[121] 沈壮海．新中国70年与中华民族文化自信的重建[J]．思想理论教育导刊，2019（9）．

[122] 盛明科，蔡振华．新中国成立以来社会主要矛盾与党治国理政主题的关联性分析[J]．新疆师范大学学报（哲学社会科学版），2018（4）．

[123] 石国亮．五四精神与新时代中国青年的责任担当：学习习近平总书记在纪念五四运动100周年大会上的讲话[J]．中国青年社会科学，2019（3）．

[124] 石仲泉．邓小平与新中国七十年[J]．中共党史研究，2020（2）．

[125] 石仲泉．从毛泽东到习近平：领袖的初心与共和国70年[J]．毛泽东邓小平理论研究，2019（8）．

[126] 宋银桂．"只有社会主义才能救中国"的文化诠释[J]．船山学刊，2004（4）．

[127] 宋月红．长征精神：中国共产党人的红色基因[J]．红旗文稿，2016（23）．

[128] 孙熙国．习近平新时代中国特色社会主义思想的精神实质[J]．中国高校社会科学，2018（2）．

[129] 孙来斌．夯实"中国之治"的文化根基[J]．理论导报，2020（4）．

[130] 孙来斌，张圆梦．社会主义文艺的人民性及其实现路径[J]．中南民族大学学报（人文社会科学版），2017（2）．

[131] 孙云晓，蓝玫．家校合作共育：中国家庭教育的新趋势[J]．教学与研究，2021（2）．

[132] 唐庆，冯颜利．论中国共产党初心与使命的深刻内涵与恒久坚守[J]．中国矿业大学学报（社会科学版），2019（5）．

[133] 唐洲雁．坚定文化自信 为实现中国梦提供强大精神支撑[J]．理论学习，2016（9）．

[134] 唐洲雁．新中国七十年党领导社会主义建设的基本规律与伟大成就[J]．东岳论丛，2019（11）．

[135] 唐正芒，徐功献．"四个全面"：中国共产党革命精神的新常态[J]．

理论探讨，2016（1）.

[136] 唐正芒，王昕伟. 毛泽东日常口头谈话中的人民战争思想解读：以新民主主义革命时期为主要研究范畴［J］. 延安大学学报（社会科学版），2018（6）.

[137] 唐正芒，王昕伟. 习近平对井冈山精神的论述研究［J］. 井冈山大学学报（社会科学版），2018（5）.

[138] 唐正芒，王昕伟. 毛泽东日常谈话中的从严治党观解读［J］. 湘潭大学学报（哲学社会科学版），2017（5）.

[139] 滕春友. 革命文化题材文本教学：打好中国底色，植入红色基因［J］. 人民教育，2020（10）.

[140] 田红，杨晓东，林越陵. 百年徐矿：赓续红色基因 建设国际化特大型能源集团［J］. 档案与建设，2020（6）.

[141] 田克勤，郑自立. 在历史与理论的贯通中增强思想和行动自觉：深入理解习近平总书记关于学好"四史"的论述［J］. 思想理论教育，2020（7）.

[142] 田克勤，程小强. 新中国 70 年马克思主义中国化的历程、经验和启示［J］. 思想理论教育，2019（11）.

[143] 田克勤，郑自立. 坚定文化自信的三个基本维度［J］. 思想理论教育，2016（10）.

[144] 田旭明，吴家庆. 改革开放 40 年来党的发展理念的历史变迁及其现实启示［J］. 湖南社会科学，2018（3）.

[145] 田文玲. 要让红色文化成为一种时尚［J］. 中国老区建设，2009（7）.

[146] 田舆图，林小波. 十一届三中全会以来中共文化史研究述评［J］. 中共党史研究，2002（5）.

[147] 田歧瑞，黄蓉生. 社会主义核心价值观的红色基因论略［J］. 西南大学学报（社会科学版），2015（3）.

[148] 习近平. 思政课是落实立德树人根本任务的关键课程［J］. 求是，2020（17）.

[149] 谢荫明. 中共一大党纲研究［J］. 中共党史研究，2000（5）.

[150] 徐仁立. 国外红色旅游发展概况及其启示［J］. 湖北经济学院学报（人文社会科学版），2009（9）.

[151] 徐仁立. 关于构建"红色旅游学"若干问题的思考［J］. 中国商界，2009（4）.

[152] 许洪位，丁俊萍. 百年潮：近代以来的中国文化转型及对当代文化强国建设的历史启示［J］. 文化软实力研究，2017（6）.

[153] 万信,乔湘平. 红色基因融入高校思想政治理论课教学的策略研究[J]. 思想政治教育研究,2019(5).

[154] 王长江. 中国共产党执政七十年党建经验再思考[J]. 党政研究,2019(4).

[155] 王成名,王文兵,丁辉. 简论习近平中国共产党人"心学"[J]. 广西社会主义学院学报,2020(2).

[156] 王贵秀. 从革命党到执政党:中国共产党政治成长中的地位转变与角色转换[J]. 中共中央党校学报,2008(4).

[157] 王纪臣,尚庆飞. 长期执政条件下推进党的自我革命重大命题研究[J]. 学海,2018(5).

[158] 王继平,杨晓晨. 论文化抗战的概念、范畴及其发展阶段[J]. 湘潭大学学报(哲学社会科学版),2020(2).

[159] 王乐. 观念与行动之间:新时代我国家庭教育发展的机遇、挑战与展望[J]. 当代青年研究,2023(4).

[160] 汪青松. 论新中国 70 年发展的制度自信[J]. 当代世界与社会主义,2019(3).

[161] 汪木兰. 摧毁封建文化,缔造红色世界:论红色文化对创建红色体制的主导作用[J]. 江西师范大学学报(哲学社会科学版),2004(5).

[162] 王茜,吴重涵. 现代家庭教育知识生产:从原理到实践的体系[J]. 教育研究,2023(12).

[163] 王思洋. 青年怎样传承长征红色基因[J]. 人民论坛,2016(27).

[164] 王树荫,耿鹏丽. 新时代学习党史、新中国史、改革开放史、社会主义发展史的若干思考[J]. 思想理论教育,2020(5).

[165] 王树荫. 深化中国共产党思想政治教育百年历史与经验研究[J]. 东北师大学报(哲学社会科学版),2018(5).

[166] 王树荫. 习近平坚定共产党人理想信念的科学论述[J]. 马克思主义研究,2017(11).

[167] 王伟,李文靖. 红色基因对社会层面的社会主义核心价值观的孕育[J]. 南昌航空大学学报(社会科学版),2020(1).

[168] 王文兵. 马克思主义中国化的文化自觉历程[J]. 湖南社会科学,2019(2).

[169] 王翔. 中国共产党执政的核心伦理价值[J]. 理论与改革,2016(5).

[170] 王向清. 毛泽东的人民观在治国理政方面的实践[J]. 湖南社会科学,2019(3).

[171] 王旭,王健. 论文化自信的困境与解决路径[J]. 法制与社会,2019

（12）．

[172] 王以第. "红色文化"的价值内涵［J］. 理论界，2007（8）．

[173] 王永贵，廖鹏辉. 构筑"中国之治"的意识形态根基［J］. 马克思主义与现实，2020（4）．

[174] 王宇，张澍军. 论革命精神对社会主义核心价值观培育的支持力［J］. 思想政治教育研究，2017（5）．

[175] 温静，王树荫. 爱国主义教育的方法论思考［J］. 中国高等教育，2019（1）．

[176] 吴传毅. 中国共产党对中国的历史贡献［J］. 科学社会主义，2019（5）．

[177] 吴东华，张洁. 论社会主义平等价值观的本质特征及践行原则［J］. 马克思主义研究，2016（1）．

[178] 吴怀友，陈兴康. "四个自信"研究的历史、现状与展望［J］. 求索，2019（1）．

[179] 吴怀友. 习近平全面从严治党思想论纲［J］. 毛泽东研究，2015（4）．

[180] 吴家庆，瞿红. 论党的领导是中国特色社会主义制度的最大优势［J］. 当代世界与社会主义，2019（5）．

[181] 吴克明. 170年国际共产主义运动的一条重要经验［J］. 湘潭大学学报（哲学社会科学版），2019（2）．

[182] 吴娜. 红色基因的文化学考察［J］. 人民论坛，2015（35）．

[183] 吴潜涛. 协调发展理念与社会主义核心价值观［J］. 中国高等教育，2016（6）．

[184] 项久雨. 习近平关于"不忘初心、牢记使命"重要论述的重大意义［J］. 教学与研究，2019（11）．

[185] 项久雨，石海君. 中国特色社会主义文化自信的内在根据［J］. 学习与实践，2019（7）．

[186] 肖贵清，王然. 新中国70年发展历程的整体性［J］. 当代中国史研究，2019（6）．

[187] 肖贵清，田桥. 新中国70年与中国特色社会主义道路的开创［J］. 马克思主义与现实，2019（4）．

[188] 许屹山，宦佳韵. 新时代红色文化传承普及的价值与规律多维审视［J］. 内蒙古农业大学学报（社会科学版），2018（5）．

[189] 许全兴. 善于总结经验——中国共产党成功之道：为庆祝新中国成立70周年而作［J］. 毛泽东思想研究，2019（4）．

[190] 许全兴. 从儒家的"修身"到共产党的"修养"［J］. 毛泽东论坛，

2017（1）.

［191］许全兴. 重视时代精神的研究与宣传［J］. 毛泽东邓小平理论研究，2016（9）.

［192］许耀桐. 党内民主和人民民主的相互关系［J］. 毛泽东研究，2017（6）.

［193］薛庆超. 新中国成立以来党的历史上具有深远意义的伟大转折［J］. 郑州轻工业学院学报（社会科学版），2019（1）.

［194］薛庆超. 中国革命、建设、改革与群众路线［J］. 党史文汇，2016（6）.

［195］颜佳华，余新龙. 中国共产党政党文化研究综述［J］. 湘南学院学报，2019（1）.

［196］颜佳华，王张华. 从毛泽东到习近平：一脉相承的党内监督文化观［J］. 毛泽东研究，2019（1）.

［197］杨晓慧. 习近平关于教育重要论述的思想定位、逻辑体系、理论特质［J］. 思想理论教育导刊，2018（12）.

［198］杨小军. 论"四个全面"战略布局的三重维度［J］. 湘潭大学学报（哲学社会科学版），2016（5）.

［199］杨凤城. 习近平党史观与中共党史研究［J］. 中共党史研究，2020（1）.

［200］杨凤城. 习近平社会主义文化建设思想的时代创新［J］. 陕西师范大学学报（哲学社会科学版），2018（4）.

［201］姚静. 新加坡中小学公民道德教育及对我国的启示［J］. 中国人民大学书报资料中心（思想政治教育），2010（11）.

［202］喻彩霞，张河清，陈宁英. 中国红色旅游研究综述［J］. 桂林旅游高等专科学校学报，2008（2）.

［203］俞良早. 百年社会主义建设史坚持科学社会主义价值的逻辑演进脉络［J］. 当代世界社会主义问题，2019（4）.

［204］余清臣. 面向立德树人的当代中国家庭教育：挑战与治理［J］. 西北师大学报（社会科学版），2021（1）.

［205］曾长秋. 论红色文化资源对大学生思想政治教育的有效融合［J］. 延安大学学报（社会科学版），2016（1）.

［206］曾振华. 红色文化的传播价值和传播策略［J］. 当代传播，2008（6）.

［207］张丹，冯颜利. 从邓小平"三个有利于"到习近平"四个有利于"：纪念改革开放40周年［J］. 辽宁大学学报（哲学社会科学版），2019（3）.

[208] 张国祚. 新中国 70 年文化建设成就 [J]. 当代兵团, 2019 (23).

[209] 张国祚, 兰卓. 从古代的民本思想到中国共产党人的人民立场 [J]. 思想理论教育导刊, 2020 (6).

[210] 张国启, 邓信良. 论党的初心与全面从严治党的逻辑关系 [J]. 华南理工大学学报（社会科学版）, 2019 (5).

[211] 张海燕, 徐功献. 红色文化在建设小康社会中的价值功用 [J]. 井冈山大学学报（社会科学版）, 2013 (1).

[212] 张雷声. 办好思想政治理论课与建强马克思主义理论学科 [J]. 吉首大学学报（社会科学版）, 2020 (2).

[213] 张明. 新中国成立 70 年来马克思主义中国化的基本经验 [J]. 东南学术, 2019 (4).

[214] 张明. 论新时代文化自信的三重关系 [J]. 求索, 2017 (10).

[215] 张澍军, 冯昆. 论邓小平同志的政治气魄 [J]. 高校理论战线, 2004 (6).

[216] 张书林. 长征精神与新长征路 [J]. 中国党政干部论坛, 2016 (10).

[217] 张卫良, 胡文根. 中国共产党意识形态谱系中的习近平新时代中国特色社会主义思想 [J]. 思想教育研究, 2018 (3).

[218] 张卫良, 胡文根. 习近平文化强国新战略的四个维度 [J]. 石河子大学学报（哲学社会科学版）, 2017 (5).

[219] 张耀灿. 新时代高校思想政治教育中的几个基本问题 [J]. 西北工业大学学报（社会科学版）, 2019 (1).

[220] 章育良. 红色报刊与中国共产党核心价值观的构建论纲：以《红藏：进步期刊总汇（1915—1949）》为中心 [J]. 湘潭大学学报（哲学社会科学版）, 2015 (1).

[221] 赵惜群, 黄蓉. 我国网络意识形态安全长效机制的构建 [J]. 湖南科技大学学报（社会科学版）, 2014 (6).

[222] 赵雅萍. 从体验经济角度探讨沂蒙老区红色旅游营销策略 [J]. 商业文化, 2009 (7).

[223] 钟利民, 刘丽. 红色文化与中国当代马克思主义大众化 [J]. 老区建设, 2009 (2).

[224] 周锦涛, 陶连洲. 新民主主义文化战略思想的体系性探析 [J]. 湘潭大学学报（哲学社会科学版）, 2020 (1).

[225] 周锦涛. 新时代中国特色社会主义文化创新战略的体系性 [J]. 马克思主义与现实, 2018 (2).

[226] 周京臣, 于国鹏. 赓续红色基因，在媒体融合发展中走在前列 [J].

青年记者, 2020 (4).

[227] 周立志, 周锦涛. 早期湘籍无产阶级革命家群体与马克思主义革命道路中国化 [J]. 湘潭大学学报 (哲学社会科学版), 2018 (3).

[228] 周琪. 新中国成立初期社会核心价值观图像实践研究 [J]. 社会主义核心价值观研究, 2019 (5).

[229] 周一平, 霍杰. 新媒体时代新观察：从抗疫赞中国人民奋斗精神 [J]. 新闻文化建设, 2020 (3).

[230] 朱桂莲. 近年来我国红色文化研究文献述评 [J]. 宁夏大学学报 (人文社会科学版), 2010 (6).

[231] 朱佳木. 新中国 70 年的变与不变 [J]. 中国井冈山干部学院学报, 2020 (1).

[232] 朱佳木. 新中国的 70 年是为中华民族伟大复兴而奋斗的新长征 [J]. 当代中国史研究, 2019 (5).

[233] 褚凰羽, 洪芳. 红色文化传播的影响因素分析研究 [J]. 兰台世界, 2011 (2).

[234] 邹腊敏, 崔广飞. 邓小平精神动力论的当代价值 [J]. 延安大学学报 (社会科学版), 2017 (4).

三、博士论文

[1] 卞军凤. 青少年道德取向的差序效应及其影响因素研究 [D]. 长沙：湖南师范大学, 2015.

[2] 蔡洁. 习近平文化强国观研究 [D]. 长沙：湖南师范大学, 2019.

[3] 邓美德. 家庭场域下文化反哺的抗阻及教育对策研究 [D]. 重庆：西南大学, 2014.

[4] 范晓峰. 中国特色社会主义文化自信问题研究 [D]. 长春：东北师范大学, 2018.

[5] 高晶华. 习近平关于党的建设重要论述研究 [D]. 西安：西安科技大学, 2019.

[6] 黄一帆. 家庭教育中关怀道德的代际传承研究 [D]. 南昌：南昌大学, 2018.

[7] 李霞. 论红色资源在思想政治教育中的应用 [D]. 长沙：中南大学, 2013.

[8] 刘惠惠. 新时代中国特色社会主义文化建设研究 [D]. 太原：山西大学, 2019.

[9] 刘红梅. 红色旅游与红色文化传承研究 [D]. 湘潭：湘潭大学, 2012.

[10] 刘琨. 红色文化研究［D］. 沈阳：辽宁大学，2015.
[11] 刘燕. 中国共产党政治信仰建设研究（1921—1949）［D］. 长春：华东师范大学，2018.
[12] 罗绪春. 中国文化自信论［D］. 北京：中共中央党校，2018.
[13] 马珂琦. 新时代中国特色社会主义文化创新研究［D］. 西安：西北大学，2019.
[14] 孙绍勇. 意识形态安全理念深化视域下中国特色社会主义文化自信研究［D］. 上海：上海交通大学，2019.
[15] 谭琪红. 中央苏区红色文化传播载体研究［D］. 南昌：南昌大学，2015.
[16] 王一铮. 新中国成立以来中国共产党执政经验研究［D］. 长春：吉林大学，2020.
[17] 徐龙建. 文化自信问题研究［D］. 北京：中共中央党校，2019.
[18] 张赓. 中国共产党的优良传统的现代价值与弘扬创新［D］. 长沙：湖南师范大学，2011.
[19] 周洁扬. 基于代际传承的道德延续与转变［D］. 南京：南京理工大学，2012.
[20] 周宿峰. 红色文化基本问题研究［D］. 长春：吉林大学，2014.
[21] 朱雄君. 中国共产党信仰安全问题研究［D］. 长沙：湖南师范大学，2019.
[22] 朱伟. 红色文化传播现状、问题与对策研究［D］. 济南：山东大学，2014.